Lives in Japan

ニッポンに生きる

在日外国人は今

共同通信社取材班

現代人文社

はじめに

東京都心のコンビニ。中国人留学生のアルバイトが早口で客に値段を告げる。ごく当たり前の風景になった。

静岡の自動車工場では日系ブラジル人が作業の中核を担い、京都の金型工場ではベトナム人研修生が作業に追われる。戦前から暮らす、いわゆる「オールドカマー」の韓国・朝鮮人が多い大阪でも、1980年代以降に来日した「ニューカマー」の韓国人が集まり住む地域が新たに出現している。北海道のリゾートにはオーストラリアからのスキー客が詰めかけ、沖縄の基地周辺の砂浜では米兵が休日を楽しむ。

法務省によると、90日を超えて日本に滞在するため、外国人登録をしているのは2009年末現在、約219万人。総人口1億2751万人の1・7％を占める。ちなみに、外国人の比率が全国一高い群馬県大泉町では、人口の15％を超えている。また、在留期間を過ぎても日本に残る「不法残留」者と、密航などの「不法入国」者を合わせた「不法滞在（非正規滞在）」者が、法務省の推計で全国に11万人いる（うち1万5千人は外国人登録をしている）。外国人登録の義務がない在日米軍の軍人やその家族も、外務省によれば10万人に上る。これらを合計すると、日本に定住している外国人は238万人程度になり、宮城県や新潟県の人口を上回る。さらに、90日以内の短期滞在の新規入国者も、09年の1年間だけで582万人に達している。このほか、帰化手続で国籍を得たり、親の片方が外国人だったりで、日本国籍ながら、外国にルーツのある人も数多い。

今や日本列島の端から端まで、外国人や、外国につながる人がいない所はほとんどないだろう。その意味では、日本はすでに多民族国家だといってよい。しかし、一般の日本人は意外なほど、彼・彼女らのことを知らないのではないか。そして、外国人自身も、周囲の同胞以外の事情には通じていないように見える。

外国人が増えているとはいえ、日本政府は従来、経済に貢献してくれるビジネスマンや技術者、カネを落としていく観光客らを除き、受入れには消極的だ。在日外国人への人権保障も不十分で、さまざまな問題が生じている。治安への懸念などを背景に、外国人を排斥するかのような動きも表面化してきた。一方、少子高齢化が急速に進む日本社会の活力を維持するためにも、外国人を積極的に迎え入れるべきだとの声が上がる。

日本は今後、外国人を広く受け入れ、多民族・多文化が共生する社会を目指すのか。それとも、外国人の流入をできるだけ抑えて、同質的な社会を保とうとするのか。当事者である外国人を含めた、幅広い〝国民〟的議論を重ねる必要があるだろう。

それには、まず、在日外国人の現状を知っておきたい。ごく普通の隣人たちを、訪ねてみよう。

（原真）

目次

第2章◉隣の日本人

第3章◉働いて働いて

第4章◉併合100年の韓国・朝鮮人

第5章◉難民鎖国

第6章◉自らの手で

第7章◉共生への提言

第1章◉隣の外国人

日本人の隣で、外国人は何を思い、どう暮らしているのか。多様化する人々の実態をルポする。

日本語できずに苦労

死線さまよい、難民として来日——コイ・パダラ（カンボジア）

「すっごくうれしかった。これからの人生は明るいことばかりだと思っていた」。コイ・パダラ（54）は1984年、妻と子ども2人とともに、インドシナ難民として来日した時の感激を鮮明に覚えている。

▼もう1回生まれた

カンボジアの首都プノンペンで生まれた。父はゴムの大規模農場を経営するフランス企業の副社長。きょうだい5人がみなフランス語の学校に通う裕福な家庭だった。ところが、パダラが大学へ進んだ翌75年、急進的な共産党（ポル・ポト派）が内戦を制して政権を握る。

パダラの家にもポト派兵士が押し入り、銃を突きつけて「すぐに出ていけ」と命じた。衣類や鍋などをかき集めて自宅を離れた。市内の道路という道路は、当てもなく歩き始めた人々であふれていた。翌日、郊外の集落で、兵士から仕事や家族構成を聞かれる。父はとっさに「自分は小学校の教師だったが、引退して今は仕事はしていない。息子たちはシクロ（自転車タクシー）の運転手だ」とうそをついた。その場に居合わせて、正直に「公務員だ」などと答えた人は、「新政権を手伝ってくれ」と連れていかれ、二度と戻ってこなかった。ポト派は私有財産を廃止し、知識層を「階級の敵」と位置づけて虐殺、都市住民を農村に追放していた。

結局、パダラの一家は東部クラチェの山中に追いやられた。自分たちが暮らす小屋づくりに始まり、森林の開墾など、過酷な労働を強いられる。「行って3カ月ぐらいで全員、病気になった」。栄養失調で父を失い、パダラ自身もマラリアが悪化して1年間、寝たきりに。骨と皮だけに痩せ、髪の毛も全部抜けて、死線をさまよった。歩けるようになるまで、さらに1年を要した。「もう1回、生まれたのと同じことだった」

プノンペンから一緒に移住させられた約20家族のうち、子どもや高齢者を中心に半数以上が命を落とした。「マラリアは急に高熱が出て、体が震える。いくら我慢しようとしても、勝手に声が出てしまう。夜になると、隣近所から『ふーっ』といううめき声ばかり聞こえた。翌朝には亡くなっていた」。ようやく動けるようになったパダラは、独身男性だけを集めたキャンプに入れられ、雨季は水田、乾季はダム建設現場で働かされた。

▼戦争に覆われ

79年、ベトナムがカンボジアに侵攻し、ベトナムの後ろ盾でヘン・サムリン政権が発足する。パダラは自由の身になり、父母の出身地の東部コンポンチャムで、中学の同級生だった女性と再会して結婚。まもなく、息子が生まれた。ベトナムやタイとの国境まで行商に出かけ、食いつないだ。だが、内戦が続き、学校も開かれない。「この国はどうなるのか」。将来への不安が募った。タイの難民キャンプに行けば第三国に渡れると聞き、命懸けで国境を越える決心をした。

深夜、地雷の残る森の中を歩き続けた。キャンプの明かりが見えたころ、赤ん坊だった息子が泣きだした。「タイの国境警備隊に見つかったら、殺される」。案内人はパダラを捨てて逃げた。立ちはだかる金網の高いフェンスをよじ登り、なんとか自力でカオダイン・キャンプにたどり着いた。

フランスへの定住を希望したが、なかなか実現しない。一部地域でフランス語が通じるカナダも同様だった。そんな時、非政府組織の日本人スタッフと知り合い、渡日を勧められる。キャンプの生活は厳しく、長女が誕生したこともあり、「一日も早く出たい」と思っていた。日本行きを申し込み、認められた。

渡航前にバンコクに立ち寄り、近代化が進んだ隣国の首都に驚愕した。「戦争がなかったから発展したんだろう。なんで私の国だけ戦争に覆われてしまったのか。私の人生もぐちゃぐちゃになってしまった」

▼毎日、後悔した

来日後は4カ月間、政府の委託でアジア福祉教育財団難民事業本部（ＲＨＱ）が運営する大和定住促進センター（神奈川県大和市）に滞在し、日本語教育や生活訓練を受ける。町工場を紹介され、退所と同時に就職。まじめに働いたのに、昇給の約束をほごにされた。次に勤めた中小企業では、「言葉がわからないので、ゆっくりしゃべってください」と頼むと、班長に殴られた。

機械に向かう仕事が中心で、日本語を使う機会が少ない。学校に通って勉強したかったが、その余裕はなかった。「言葉の壁が厚い。言葉が不十分だと、社会になじめない」。日本を選んだことを毎日、後悔した。

カンボジア、ベトナム、ラオスが社会主義体制になって以降、これらインドシナ3国から多数の難民が海外に流出した。小さな船に乗って周辺国に漂着する「ボートピープル」も相次いだ。当初は難民定住に消極的だった日本も、国際世論に押されて受入れを決め、78年から2006年までに約1万1千人を迎えた。しかし、神奈川県秦野市では87年、カンボジア難民の男性が日本語ができずに孤立、精神に障害を来たし、妻子4人を殺害する事件が起きた。難民に対する支援の不足は明らかだった。

▼ボランティアが転機

パダラにとって転機になったのは、外国人を支援する市民団体との出会いだ。ボランティアとして、医療機関や保育所の案内文書をクメール語で作るのを手伝い、カンボジア難民向けの新聞も発行した。求めに応じ、自身の経験について小中高校で講演した。医療機関での通訳も務める。「みんなと長く話をするうちに、日本語がどんどん上達して、日本人が好きになりました」

期間工として働き始めた自動車部品メーカーで、働きぶりが認められ、正社員に採用された。現在は製造ラインのリーダー。社長が「スーパーマンでないと務まらない」という重労働にもかかわらず、「私はいろいろ苦労したから、力はないが、心は強い。働くのは好きなので、仕事が大変だとは思わない」と笑う。

ただ、周囲には今も日本語ができず、貧窮する難民が多い。「努力しても、できない人もいる。そういう人は政府が助けてほしい」とパダラは訴える。日本は10年9月から、タイ国境の難民キャンプにいるミャ

休日はインターネットで、各国に散らばる親族と情報交換するコイ・パダラ＝神奈川県相模原市の自宅（萩原達也）

ンマー（旧ビルマ）の少数民族を受け入れる「難民第三国定住」を開始したが、インドシナ難民と同様の研修を来日直後に半年間、提供するだけで、新たな支援策はほとんどない。「せっかく受け入れるなら、豊かな生活でなくても、満足のいく生活をさせてあげたい。日本では、いい学校を出ないと、いい就職はできない。（RHQ支援センターでの）日本語の勉強を厳しくして、試験に合格しないと退所できないようにしてはどうか。政府の負担は増えるが、将来を考えたら、その方が望ましい」と提案する。

娘が日本人男性と結婚したのを機に09年、日本国籍を取得した。神奈川県相模原市に買ったマンションには休日、初孫を連れて娘が遊びに来る。「自分の力で頑張ってきて、家族も幸せ。日本に来たことを今は全然、後悔していない」

フランスの植民地から独立して以来、半世紀近く内戦に明け暮れていた故国にも、和平が訪れた。定年退職後は年金と貯金で、医療機関が整った日本と、物価の安いカンボジアを行き来して暮らすつもりだ。

きめ細かい行政情報を回覧板で回したり、町内会で道路掃除をして町をきれいにしたり……。そんな「日本の良いところ」を、故郷の人たちに伝えたい。

（原真）

娘の夫は父が決める

異国でもイスラム貫く——モハメド・アフザル（パキスタン）

「どんなに好きな人ができても、その人とは結婚できないからね」。長女の愛美菜《あみな》（18）には、幼いころから言い聞かせてきた。群馬県伊勢崎市に住むパキスタン人モハメド・アフザル（46）は敬虔なイスラム教徒だ。子は親が決めた相手と結婚し、豚肉や酒は厳禁。日本人の妻や日本育ちの子どもたちとともに、苦労を重ねながら祖国の習慣を異国でも貫いている。

▼目的はカネ

1980年代後半、バブル経済で日本の人手不足が深刻化する。査証（ビザ）を相互に免除する協定により、観光目的ならビザが不要だったパキスタンやイラン、バングラデシュなどから、多数の労働者が来日した。もちろん、目的は観光ではなく、カネだ。一族から渡航費用をかき集め、親戚の期待を一身に背負って、文化や気候、食べ物の違う日本まではるばるやって来る。当然ながら、在留期間を超える不法残留も急増。対応に追われた日本政府当局は、この3カ国についての査証免除を92年までに停止した。

モハメドもパキスタン東部ファイサラバードの大学を中退し、88年に来日。不法滞在のまま、先に来日していた知人の紹介で、伊勢崎市周辺の自動車部品工場を転々とした。その間に日本人の純子(54)と知り合い、デートを重ねた。「デートのたびに辞書を持ってきて、一生懸命に話すんです」と、純子は当時を振り返って笑う。「穏やかで優しい人柄にひかれた」。2人はまもなく結婚、1女2男をもうけた。モハメドは日本の永住資格を得て、現在も工場で働く。

イスラム教徒は同じ信仰を持つ者としか結婚できず、生まれた子は自動的にイスラム教徒になる。純子は改宗を受け入れ、昔はよく飲んでいた酒を一切やめた。純子の両親は当初、結婚に反対で、今も微妙な関係が続くものの、子どもたちが育つにつれ、交流も増えてきた。そんな一家が長年、苦労し続けているのは、食事だ。

▼自由すぎる

牛や鶏でも、神アラーの名を唱えて処理した肉しか食べてはならない。最近は専門店も増えたが、以前は東京・上野にしか店がなく、電車を乗り継いで買い出しに行った。子どもの学校給食の献立表に豚肉が載っていれば、代わりのおかずを作って持たせる。飲食店の調理場まで入っていって食材を尋ね、製パン会社の研究室に電話して原材料に酒が含まれていないか聞いたこともある。子どもにラーメンを禁じるのは忍びなく、鶏でだしを取って手作りしたことも。週末には、モハメド手作りのパキスタン・カレーを味わうのが、一家の習慣になっている。モハメドは「これが宗教。つらいとは思わない。日本は自由が多すぎる。だから、子どもを殺すような変な事件が多いんだ」と訴える。

子どもたちを良きイスラム教徒として育てようと、家族全員でパキスタンに引っ越したことがある。だが、娘と息子はパキスタンの水が合わずに体調を崩し、やむなく日本に戻った。その時、日本でイスラム教徒として生きていくことを決めた。とはいえ、年に1度のラマダン(断食月)は、部活で疲れた子どもに「飲むな、食べるな」と言えず、土日に限るなど、妥協せざるをえない。

▼住みにくさ

しかし、どうしても譲ることができないのは、娘の結婚だ。父権が強いイスラム社会では、未婚女性は家族以外の男性と話すことさえ認められない。「異常な箱入り娘状態」(純子)だ。愛美菜は女子部のある私立高校に入れた。娘が放課後に何をしているか気になり、仕事を抜け出して駅前のファストフード店をのぞいた時、話の輪の中に男子高校生がいるのを見つけた。愛美菜が男子と会話していたわけではない。だが、「同じ場所にいること自体、許されない」。モハメドは、帰宅した愛美菜を叱りとばした。それからしばらく、2人の関係は

愛美菜を見つめるモハメド・アフザル。外国人が多い地域に住み、子どもたちは学校でいじめを受けたこともない＝群馬県伊勢崎市の自宅(萩原達也)

ぎくしゃくした。

当の愛美菜は「昔から言い聞かされてきたから、恋愛には興味がない」と話す。目下の最大の関心事は美容。専門学校でエステ技術を学び、親が決めた相手と結婚した後に、パキスタンでエステサロンを開きたいと思っている。「実は、こっそりモデルに応募したこともあるの」。パキスタンで一般的な鼻ピアスを娘がすることには無頓着でも、「人前で肌をさらすなんて考えられない」と言う父に、ささやかな抵抗を続ける。

愛美菜はパキスタンで暮らした時、瞬く間にウルドゥー語を身につけた。でも、十数年経った今は、すっかり忘れてしまい、日本語しか話せない。純子は「旦那さんになる人は日本語ができる人をなんとか探したい」と言い、モハメドも同意見だ。

モハメド自身は日本語に不自由はない。だが、副業の中古車輸出が順調だった時も、銀行は家のローンを組ませてくれなかった。イスラム教徒はみなテロリスト、との偏見も感じる。地元の警察からは、イスラム社会の情報収集に公安担当の捜査員がしばしば訪れる。「外国人は増える一方なのに、この社会の住みにくさはまったく変わらない」と愚痴がこぼれる。日本に骨をうずめてもいい。だからこそ「くだらない人種差別をなくしてほしい」。


（遠藤幹宜）

ごちそうし、もっと困った人にあげる

ボランティアの食料配給を受けて――金平ジウバーニャ（ブラジル）

「料理するのが好きだから、いろいろな人に作ってあげたい」。そう話すのは、滋賀県東近江市で暮らすブラジル人の金平ジウバーニャ（44）。初めて「セスタバジカ」の食料配給を受け取った時も、すぐに卵たっぷりの濃厚なプリンを作って、日本人ボランティアにごちそうした。「もっと食べて」。弾けるように笑った。セスタバジカはポルトガル語で生活必需品の意味。日系人の夫（56）が不況で派遣切りに遭い、家計が苦しいなか、ボランティアが届けてくれる。パスタに砂糖、缶詰め……。「でも、家に食べ物があれば、もっと困っている人にあげるの」とジウバーニャ。

▼手取り6万円

夫婦で来日を決意したのは2005年。「母国はすごいインフレで、生活が苦しくて。日本の方が仕事があると聞いた」。しかし、派遣会社の手配で滋賀県に着くと、工場の職が用意されていたのはジウバーニャだけで、夫にはなかった。「怒りたくても、言葉がわからないし、何もできなかった」

飛行機代から家賃まで天引きされて、手元に残るのは月約6万円。家にほとんどいないにもかかわらず、水道代を1万円も引かれた。派遣会社の担当者からは「蛇口をきちんと閉めないで、水がポタポタ落ちていたからでしょ」と言われた。

夫は一人、神奈川県へ行き、昼は通信ケーブルの敷設、夜は線路の補修と、1日3時間の睡眠で必死に働いた。その後、滋賀に戻り、別の工場に勤める。だが09年、長女の高校入学式の朝、夜勤明けに解雇予告通知を渡されて帰ってきた。中学と小学校に通う2人の息子もいて、教育費がかさむのに。「すごく悲しかった。でも、またうまくいくと思い直した」。信仰厚いキリスト教徒のジウバーニャは毎晩、夜中に起きて神に祈る。

自身も失職、転職を繰り返していた。夫の失業手当が切れたころ、自分が病院清掃の職に就けた。時給850円で月収13万~15万円。「夫に仕事がなくなると、わたしに仕事が見つかる。こんなにうまくいくのは神様のおかげ」とほほ笑む。

近くにある病院の掃除は午前7時始業だが、「完璧にしたい」と5時過ぎには家を出る。夕方、疲れ果てて帰宅すると、笑顔になれない。「いつも忙しくて、ママ失格ね」。漢字と絵が書かれたカードなどで日本語を勉強しているものの、忙しさに紛れ、なかなか身につかない。

▼法改正で急増

1990年施行の改正入管難民法で、日系人は3世まで日本に定住して働けるようになり、中南米からの出稼ぎが急増した。法務省によると、最も多い在日ブラジル人はピーク時の07年に約32万人に達した。だが、08年の金融危機以降、派遣切りなどで困窮する人が増えている。厚生労働省は09年度、原則として3年間は再入国しないことを条件に、帰国費用を一部支援する事業を実施し、日系ブラジル人と家族の計約2万人が日本を離れた。

しかし、ジウバーニャは「帰国なんて、考えたこともない。子どもが日本の学校に行っているから」と言う。娘と息子が成長してからどうするかはまだわからないが、当面は滋賀に住み続けるつもりだ。

▼神様の導き

セスタバジカを届けに来る日本人女性は、懸命に覚えたポルトガル語で優しく話しかけてくれる。ジウバーニャは「助ける側にもいろいろな人がいるけど、彼女はすばらしい。違う国の人だけど、初めて友だちになりたいって思った」。夫も「国籍に関係なく、友情をどんどんつなげることが、一番大事だと思う」と語る。

セスタバジカのボランティアにごちそうする料理を作る金平ジウバーニャ＝滋賀県東近江市の自宅（若松亮太）

自宅を訪れるボランティアに、ジウバーニャは故郷の料理を振る舞う。「今日は鶏の胸肉が安かったから」。小麦粉でできた皮に包み、油で揚げた熱々の「パステウ」を、一緒にほおばった。

「すべては神様が導いてくれた。今はたまたま、困難な役回りを与えられているだけなんだ」。そう、信じている。

（若松亮太）

日本人夫のDVにぼう然

娘の自立願うシングルマザー——村木マリア（仮名、フィリピン）

「おまえら（外国人は）みんな一緒や。日本のこと、全然わかっとらん」。顔をこぶしで思い切り殴られ、腹や背中を蹴られた。

「何でこんなふうにされなきゃいけないの？」。初めて前夫に罵声と暴力を浴びせられた時、怒りよりもショックでぼう然とした。けんかの原因は、もう覚えていないぐらい、ささいなことだった。腫れた顔に涙が染みて痛かった。

▼もう直らない

村木マリア（44）はフィリピンの地方都市で生まれ、2歳から首都マニラで育った。父は、家具などに使われる木材ラタンを取り扱う会社に勤め、母は商店を営んでいた。貧しくはなかったが、きょうだいが7人いて、ぜいたくができる家庭でもない。「昔から、外の世界を見てみたかった」。大学に通っていた1985年、思い切ってダンサーとして来日。故郷とは比べものにならない、日本の豊かさが心地よかった。働いていた広島県の飲食店で日本人の前夫と出会い、結婚した。

前夫に2人の連れ子がいることは、結婚後に初めて知る。新婚生活のスタートとともに、村木は2児の母となった。子どもたちが通う小学校の連絡帳の保護者記入欄に、辞書を引きながら慣れない日本語を書き込んだ。前夫は何も手伝ってくれない。大好きなダンスを続ける余裕などなかった。

やがて長女が生まれると、ちょっとしたけんかをきっかけに、前夫のドメスティックバイオレンス（ＤＶ）が始まった。殴る蹴るにとどまらず、食器や電話機を投げつけることも。「きっと、私の言葉や態度も良くなかったんだ」。日本の文化や習慣がわからないのに、口答えをしたのが悪いんだと、自分を責めた。

だが、幾度となく仲直りしても、暴力に歯止めはかからず、むしろエスカレートしていく。ある朝、中学生になったばかりの次女が、泣きついてきた。肩より長かった髪の毛が、ばっさりと切られていた。絶句した。娘にまで当たるなんて。「同じことの繰り返し。もう、直らない」。前夫と別れるしかないと決意した瞬間だった。

▼高い被害の比率

厚生労働省によると、全国の婦人相談所などに寄せられるＤＶの相談件数は２００１年度の約1万３千件から、09年度には２万７千件まで急増。ＤＶを理由に08年度に一時保護された女性のうち、外国人は４４１人で、全体の約９％を占める。総務省や法務省の統計によれば、日本の女性人口に占める外国人の割合は２％に満たないから、非常に高い比率だ。

外国人妻の多くは「日本人の配偶者等」として日本在留を許可されており、離婚すれば在留資格を失うことなどから、夫のＤＶに遭っても泣き寝入りしがちだ。移住女性や子どもを支援する川崎市の団体「カラカサン」の共同代表・山岸素子は「背景には、社会的に弱い立場に置かれた外国人女性に対する、日本人男性の差別意識ものぞく」と指摘する。

村木は前夫との間に、３人の娘をもうけた。「子どものためにも強くならないと」。月給７～８万円のパートの仕事は辞め、安定した収入を求めて岡山県の自動車関連の会社に就職。06年に離婚した。

DVから解放され、友人とともに趣味のダンスの練習に打ち込む村木マリア（中央）＝広島県内のスタジオ（畠山卓也）

「好きで結婚したから、後悔はない。でも、うまくいかず、残念です。お互いへの理解や尊敬がないと、一緒に歩いてはいけない」

当時、すでに社会人となっていた前夫の連れ子から、村木に電話があった。「暴力を止めてあげられなくてごめんね。離婚してもママのことは大好きだから、何か困った時は言ってね」。涙があふれて、止まらなかった。「私は一人じゃない」と意を強くした。

▼自分の足で

前夫は「子どもは置いていけ」と執拗に迫ったが、実の娘3人とともに家を出た。新たな生活は、仕事や家事に追われながらも、充実していた。しかし、娘の親権はまだ前夫が持っていた。進路指導や面談など、学校からの重要な連絡は、すべて前夫に行ってしまう。「私が面倒を見ているのに、なんで？」。無視されているようで、納得できなかった。

独力で手続を調べ、裁判を起こして親権を取り戻した。「必要な書類は難しい日本語で読めない。翻訳や説明をしてくれる人もいない。すごく大変だったけど、一から勉強して頑張ったんですよ」

日本に嫁ぐ時、母から「違う橋を渡るのだから、自分のことは自分で管理できるようになりなさい」と告げられた。20年以上経っても、その言葉はしっかりと胸に刻まれている。「母は『つらかったら、いつでも帰ってきなさい』とも言ってくれた。でも、私には子どもがいる。責任がある」。自身も母親として今、娘たちには、自分の足で歩いていける大人になってほしいと願う。

早春、地元の音楽イベントに出場したダンスグループの中に、村木の姿があった。リズムに合わせて、激しく踊る。晴れやかな笑顔がはじけた。

（畠山卓也）

互いに知らないこと多い

大学院目指す就学生――李春霞（中国）

東京・六本木にある、しゃれたすし店。「イラッシャイマセー」。中国人就学生の李春霞《リチュンシャ》（30）が、たどたどしい日本語ながら、明るい表情で客を迎え入れる。北京から東京にやって来て1年。大学院入学を目指し、日本語学校での勉学とアルバイトに追われる毎日だ。

「お店では、辞書に載っていない言葉がたくさん飛び交う。魚の名前も、すしのネタも全然わからないので、毎日が勉強。親方は仕事に厳しくて時々、怒られるけれど、充実しています」

▼**新旧が共存**

留学を志したきっかけは2007年、貯金をはたいて東京、京都、奈良などを旅行したことだ。新しい

すし店でアルバイトに励む李春霞＝東京・六本木（萩原達也）

ものと古いものが共存する日本。中国語訳で読み、好きだった川端康成の小説の世界が、今も生きている。日本語を学んだこともなかったが、この国で暮らしてみたいと強く思うようになった。

　北京は当時、五輪前の好景気に沸いていた。勤めていた米国資本の貨物配送会社での仕事は、収入も安定していて、やりがいもある。ただ、忙しい生活や、職場の人間関係に疲れていた。「留学するには今しかない」と退職を決めた。父に相談すると、「行きたいのであれば、行きなさい」と背中を押してくれた。大規模な政治運動、文化大革命（１９６６～76年）の混乱の中で青春時代を過ごした父は、本を愛し、読書の大切さを説いていた。「父は若い時、勉強をあきらめたことを後悔しているのだと思う」と李。

　しかし、日本行きには、経済的な不安がつきまとう。中国では富裕層が増えているとはいえ、日本との物価の違いはまだ大きい。旅行と違って、生活するとなると、出費がかさむ。両親は、学費など、日本円にして約３００万円を用立ててくれたが、それがぎりぎり。李の最大の心配事は、「物価高の日本で、自分で稼ぎながら学べるかどうか」だった。

▼アルバイト探しで壁

案の定、来日直後から、アルバイト探しで壁にぶち当たる。長引く不況で、外国人向けの仕事は激減していた。コンビニやファストフードの店では、日本語検定1級を持っていることが外国人アルバイトの条件とされ、「日本語初級クラス」の李が応募しても、なしのつぶて。面接までたどり着いても、十数回、落とされ続けた。「収入がなく、出口の見えない日々。北京に帰りたくなった」。外国人客の多い六本木のすし店では、大学時代の専門だった英語を必死にアピールし、ようやく採用が決まった。バイト探しを始めてから、すでに4カ月が過ぎていた。

来る前に、日本に対して抱いていたイメージは、ごみ一つ落ちていない清潔な社会。でも、暮らしてみると、汚い所も少なくない。夜になれば、街に酔っぱらいがたくさんいることにも驚いた。「中国と日本の間では、歴史観の違いばかりが取りざたされるけど、中国人は今の日本について知らないことが多い」。逆に、現在の中国を理解していない日本人も多いと感じる。隣の国なのに、同じ漢字の国なのに。

▼風当たり

日本で暮らす中国人は近年、急増している。中国籍の外国人登録者数は2007年に韓国・朝鮮人を抜いて最多となり、09年は約68万人で、全外国人の3割を超える。日本学生支援機構によると、日本語学校に通う中国人就学生や、大学などに在籍する中国人留学生は10年5月現在、計8万6000人で、留学生総数の61%を占める。観光客も増え、東京・銀座は買い物の中国人であふれんばかりだ。

日本政府は10年7月、中国人観光客へのビザ発給要件を緩和。日本各地の観光地は経済効果に大きな期待を寄せ、小泉純一郎元首相の靖国神社参拝などで冷却化が進んだ日中関係が好転するかに見えた。だが同年9月、沖縄・尖閣諸島沖で中国漁船が海上保安庁の巡視船に衝突、友好ムードは吹っ飛んだ。中国では反日デモ、日本でも反中デモが起き、非難の応酬が続いた。

李はアルバイト先で、常連客から「中国には悪いやつが多い」と言われた。「新聞やインターネットで日本の報道や書き込みを見て、日本社会の中国に対する風当たりがどんどんきつくなるのを感じた。悲しかった」

それでも、日本を実体験した李は「お互いが直接、触れ合う機会が増えれば、きっと理解し合える。楽観的と言われても、私はそう信じている」と言い切る。

11年の春、いよいよ大学院の入試試験を迎える。念願だった日本語検定1級に合格し、日本で生きていく自信もついた。大学院で流通などを学び、将来は日中を行き来する仕事に就きたいと思っている。

（濱口健）

つながりの中で自分再発見

2国間で揺れた在日3世――山元大輔（韓国）

物心がついた3、4歳のころには、自分は日本人ではないと知っていた。山元大輔（32）は東京出身の在日韓国人3世だ。

日本名を使い、「食卓にキムチこそ出るが、韓国的な風習はない」家庭に育つ。日本の教育を受け、民族差別を経験することもなかった。

出自を強く意識したのは、高校3年生の時だった。「知り合いの在日の男性に『なんで韓国語をしゃべれないのか』と言われて。本当に悔しかった」。自分を否定されたことへの反発だったのか。悔しさの理由は、今もはっきりとはわからない。

ただ、「在日が100人いたら、100通りの考え方がある。『在日はこうあるべき』というのは違う」と感じていた。韓国語で知り合いにそう反論したいと、大学で言葉を学ぶことを決めた。

▼祖国は〝外国〟

慶応大在学中の1998年に、初めて韓国へ旅した。母は最初に訪韓した際、「わが祖国」と泣いたと聞いていた。「『俺もこの旅で変わるのか』と思って行ったけど、何の感慨もなかった。自分にとっては〝外国〟だったんです」。日本人でも韓国人でもない「中途半端な自分」に気づき、途方に暮れた。

目の前が開けたのは、東アジアを遠く離れ、アイルランドを旅行した時だ。「韓国と日本の2国間で考えるのではなく、もっと引いた視点から自分の立ち位置が見えた。自由な立場でほかの所にも行けるとわかり、気持ちが楽になった」

それから2度、韓国に留学。大学を卒業し、都内の印刷会社に入る。両親は、自分たちが若いころに厳しかった就職差別を心配し、「在日であることを履歴書にあえて書く必要はない」と助言してくれた。「でも、国籍でふるい分けるような会社には行きたくなくて、明記しました」と山元。

その後、韓国の文化情報を日本語で紹介する雑誌の編集に携わり、現在は翻訳会社に勤めている。仕事では英語の本を扱うことが多いが、いずれは韓国の本を翻訳出版したい。

韓国・朝鮮関係専門の書店に通う山元大輔＝東京・神田（白坂美季）

▼血液型レベルの違い

妻は大学の1年後輩の日本人。山元のことを「山ちゃん」「大さん」と呼ぶ。山元は「留学時に使っていた韓国名にも愛着はあるが、普段の生活で断然しっくりくるのは日本名の方」と言う。同様に、韓国語を話している時は、自分自身を100パーセントは表現できていないと感じる。「母語はあくまで日本語なんですよね」

周囲には、在日というありように違和感を持ち、日本国籍を取った韓国・朝鮮籍の知人も少なくない。だが、山元は今は韓国籍のままでいるつもりだ。「自分にとって、国籍は血液型レベルの違いでしかない。たまたま差別を経験しなかったから、言えるんだと思うけど」

インターネットにあふれる在日への誹謗中傷を読むと、心細さも感じる。ネットに書き込んでいる人たちは、どこにいるのかわからない。もしかしたら、知っている人かもしれない。「プラス思考の性格だから、在日であることを前向きに捉えられているのかな。でも、自分が差別を受けた時、一気に考え方がマイナスに変わる可能性もある。そんなもろさは自覚しています」

約1世紀前に日本の植民地となった朝鮮半島などの出身者で、戦前・戦中から日本に住んでいる人とその子孫らは法律上、「特別永住者」と呼ばれている。法務省によると、2009年現在、約41万人。死亡や帰化、子どもが日本国籍を選択することの多い日本人との国際結婚などで、減り続けている。山元自身もいずれは子どもが欲しいが、子の国籍のことは「生まれてから考える」つもりだ。

かつて海を渡った祖父母がいて、日本で自分が生まれて……。すべてが偶然の積み重ねだと考えている。自らのアイデンティティーについて、曖昧なままでよいのかと自問することもあるが、「これまで出会った人たち、そして、これから出会う人たちとの縁が、自分にとってのよりどころ」というのが正直な気持ちだ。国籍をはじめ、さまざまに張り巡らされる境界線から離れ、身近な人と人とのつながりの中で、自分を再発見し続けていく。

（白坂美季）

第2章◉隣の日本人

在日外国人の隣で生きる日本人がいれば、日本人であることを取り戻そうとする帰国者もいる。さまざまな思いをたどる。

コミュニティーづくりの中心に

不動産業で異文化交流——荻野政男

「何でも見てやろう」。作家・小田実のロングセラー旅行記に誘われ、同時代の多くの若者のように、荻野政男(56)も大学生の時、欧米を旅した。

だが、英国で部屋を借りようとして、不動産業者から「アジア人は汚く使うのでは」と拒否される。「これが差別なんだ。日本にいる外国人も困ってるんじゃないか」。東京に戻り、1980年、主に外国人に賃貸住宅を紹介するイチイ産業（現イチイ）を設立した。

社員約80人中10人が外国人。「外国人と接すると、違う視点からものを見るヒントがある」と話す荻野政男（左）＝東京・新宿のイチイ本社（萩原達也）

▼お断り

福島県いわき市出身。旧満州（現中国東北部）から引き揚げた父に、海外の話を聞かされて育った。地元で米国人宣教師と知り合い、外国への興味が強まった。アルバイトをしていた不動産業者で、比較的安い賃貸アパートの広告を英字紙に出し、問合せが殺到するという経験もしていた。外国人向けの不動産会社を興すのは、荻野にとってはごく自然な発想だった。

しかし、賃貸住宅では「外国人、ペットお断り」が当たり前の時代。最初はトラブルばかりだった。日本の大学に招かれた研究者でさえ、外国人というだけで入居拒否に遭った。外国人の顧客と一緒に地域の不動産業者を回り、10軒以上、すべて断られたこともある。

非協力的な家主や不動産業者だけでなく、一部の外国人入居者にも手を焼いた。家賃の支払いが遅れていると思ったら、無断で帰国していたということも、一度や二度ではなかった。夜中に大きな音を立てたり、共用の庭に勝手に野菜を栽培したケースも。なかには、「畳は大事にしてください」と話したところ、和室に新聞紙を並べて暮らし、「布団を敷くときに紙が飛んで大変」とこぼす〝まじめな〟入居者もいた。

▼グローバルスタンダード

「言葉がわからない」「何かあったら対応できない」「日本人の保証人がいないと無理」……。外国人との契約に尻込みする家主や不動産業者を、荻野は一人ずつ説得した。家主側に負担をかけないよう、仲介だけでなく管理も自社で請け負う物件を増やし、問題が起きてもイチイが対処するようにしていった。そのために、英語はもちろん、韓国語、中国語、ロシア語などを母国語とする外国人スタッフを採用した。

家を探す外国人からの不満にも、耳を傾けた。「礼金や更新料って何に使われるの?」「なぜ保証人が必要なんですか」。もっともな疑問が多かった。荻野自身、日本の不動産業界の慣行は不透明だと感じていた。

敷金や礼金をなくして家賃に上乗せし、連帯保証人の代わりに保証会社を導入するなど、「わかりやすい、グローバルスタンダードの契約システム」を考案した。古いアパートや社員寮を改造し、共用のキッチンとリビングを設けたゲストハウスは、さまざまな個人が集う新しい住み方として日本人の若者にも支持された。外国人入居者と日本人が交流する場を設けようと、定期的なパーティーも開いている。

▼興味が先行

会社は成長を続け、現在は首都圏を中心に8千戸以上の管理物件を抱える。来日する留学生らのために、ソウルや上海にも営業所を構えた。賃貸住宅の仲介や管理だけでなく、不動産の売買、リフォーム、コインパーキング運営まで、事業を広げている。

社長を務める荻野は、業界団体の日本賃貸住宅管理協会（日管協）の活動でも忙しい。外国人の入居に関するガイドラインをまとめ、部屋探しのガイドブックやＤＶＤを多言語で作成した。不動産業者のインターンに留学生を受け入れる取組みも始めた。

近年、賃貸住宅は供給過剰気味で、外国人入居者に対する家主の関心も高まってきた。日管協主催の関連セミナーなどは盛況だ。入居者が帰国してからも、親しくなった家主と行き来が続くような例もある。「でも、ほかの不動産業者に連絡すると、外国人は今でも10件のうち９件は断られる。やはり言葉の問題が大きい」と荻野。家主側の体制が不十分なまま受け入れると、トラブルが増えるかもしれないと懸念する。

国土交通省は２００６年から、外国人らが入居可能な住宅を登録し、自治体やＮＰＯ法人が通訳派遣などの支援をする「あんしん賃貸住宅」事業を行っている。だが登録物件は10年４月現在、全国で約７４００戸にとどまり、登録されていても支援体制がないものも多い。外国人にとって、家探しはまだまだ難しい。

荻野には持論がある。「外国人が抱く日本の印象を良くするのも悪くするのも不動産業者だし、異文化が交流する地域コミュニティーづくりの中心になれるのも不動産業者だ」。ビジネスで社会貢献を目指す「社会起業家」の模範のような発想と事業展開――。記者がそう水を向けると、「何でも現実化したいっていう、興味が先行しているだけ」と照れた。

（原真）

法改正は双方に打撃

研修・実習生を受け入れた工場経営者――室山宗平（仮名）

東北地方の山間部にある婦人服縫製工場。材料の布や糸が山のように積み上げられている。20代の中国人女性数人が工業用ミシンに向かい、スカートやブラウスを縫い続ける。「安い労働力と言われれば、その通りだ」。けたたましい機械音が響き渡るなかで、60代の社長、室山宗平がぼそりとつぶやいた。

外国人研修・技能実習制度を利用し、中国人を受け入れて十数年。計3年間の研修と実習で、日本の進んだ技術を途上国の人々に教える、というのが制度の趣旨だ。外国人研修生は1年間、受入れ企業で研修した後、企業と労働契約を結び、最長2年間の技能実習に臨む。「研修であって、労働ではない」建前だが、実際は中小企業側が低賃金で外国人を使う方便となり、当の研修生と技能実習生も出稼ぎの手段として利用してきた。

▼日本人が来ない

室山は1990年代初めに工場を設立した。東北地方は雇用の場が少なく、小さい工場でも地元自治体から歓迎された。従業員は日本人だけで15人いたこともあるが、次第に集まらなくなる。「若者はきつくて地味な仕事には寄りつかず、集まるのはパートばかり」。パートには家庭を持つ女性が多く、毎日フルタイムで働いてもらうのは難しい。納期に追われ、人手の確保は会社の存続にかかわる問題だった。

「外国人を入れる制度がある」。知人から聞き、東京や地元の受入れ組合を通じて、中国人を雇い始める。

当初は言葉が通じず、終業時間を1分でも過ぎれば仕事をしない姿勢に戸惑った。でも、手先が器用で、働きぶりはまじめ。「いつ辞めるかわからない日本人より、頼りになる」。成果には満足していた。

「残業が多い会社は良い会社。残業が少ない会社は悪い会社」。研修生候補の面接で、こんな言葉をしばしば聞いた。「生まれたばかりの子どもを大学まで進学させたい」「病気の母親にもっと良い治療を受けさせてやれれば」。彼女らにとって、研修・実習は割の良い出稼ぎ以外の何物でもなかった。

▼最低賃金以下

賃金の不払い、経営者からの暴力、渡航ブローカーへの借金……。研修・実習生関係のニュースには自然と目が行く。「哀れな研修生、搾取する悪質な企業」。そんな認識が世間に広がっているのがつらい。

「受け入れていて、すねに傷がない企業などない。自分も同じだ」。実習生の給料は基本給や残業代を合わせて月十数万円。残業代は最低賃金以下の時給350〜400円だ。労働者でない研修生に、禁じられた残業をさせることもある。

とはいえ、室山自身は研修・実習生も大事な〝社員〟として接してきたつもりだ。外国暮らしの負担を少しでも減らそうと、毎週、全員を外食に誘い、悩みがあれば深夜まで相談に乗る。帰国前には必ず、テーマパークなどへの観光旅行に連れていく。

みな200〜300万円を持って帰る。中国での面接のための渡航費用、来日してからの組合への管理費や寮の設備投資などを合算すると、日本人を雇うコストと変わらない。

一方、研修・実習生が問題を起こすこともしばしばだ。ある朝、20代の中国人女性実習生が失踪した。「社長、助けて」。女性が涙声で電話をかけてきたのは1年後。不法残留で警察に摘発されていた。「良い仕事

外国人研修生に関する書類を前に、法改正への不満をあらわにする室山宗平＝東京都内（光山正一）

がある」と中国人仲間に誘われ、名古屋の風俗店で働いたという。まじめに働いていた実習生だったから、なおさらショックだった。「すまない。何もしてやれない」。そう告げて電話を切った。

▼新制度

研修・実習制度は93年に創設された。法務省によると、2009年現在、全国に約18万人の研修・実習生がいる。7割が中国からで、以下ベトナム、フィリピンと続く。受入れ先は繊維・衣服製造業が最も多い。一部の中小零細企業にとっては、すでに欠かせない存在だ。

しかし、深刻なトラブルも続出しているため、国は入管難民法を改正。10年7月から、①実務を伴う研修は技能実習と位置づけ、これまで研修生は対象外だった労働関係法令を適用、権利保護を図る、②不正行為をした企業への罰則である受入れ停止期間を、3年から5年に延長する——など、制度は大幅に変わった。企業が社会保険に加入しているかなども事前に厳しくチェックされるようになり、未加入だと受入れは認められない。

零細企業のなかには、法律で義務づけられた社会保険料を出せないところも少なくない。「国はわれわれに死ねと言うのか。賃金を払わず、暴力をふるうような悪質な企業は駆逐されるべきだが、人手不足で研修生を使うしかない企業まで倒産に追いやられる」と室山。

労働力を求める経営者と、低賃金でも出稼ぎの場を求める研修・実習生の思惑が、ある意味で一致して機能してきた制度が、崩れかねない。「法改正は双方にとって打撃だ」。今いる実習生が帰国したら、室山は工場を閉鎖する。

（光山正一）

小説を読むのが夢
老いて日本語を学ぶ中国残留孤児——大中はつゑ

「西という漢字は東西と書けば『ざい』と読み、西洋と書くと『せい』となります」。兵庫県尼崎市の日本語教室。講師の張りのある声と、黒板にチョークで字を書く音が響く。生徒の多くは高齢の女性。大中はつゑ（73）は目を大きく開き、講師の説明をメモした。小学生の学用品の定番、ジャポニカ学習帳と深緑のトンボ鉛筆を愛用する。手を休め、照れ笑いを浮かべながら、ため息をついた。「ああ、わからんわからん。難しい」

「人生は運命」。大中は、よくこの言葉を口にする。時に怒りの混ざったような大きな太い声で、時にあきらめにも似たか細い声で。「私は学校に行けなかったけれどね、命だけはあるよ。長生きしなきゃね」。

自分に言い聞かせるように、ほほ笑む。

▼家族を失い

1937年、京都府三岳村(現福知山市)の農家に生まれた。6歳上の姉、3歳下の弟に囲まれて育ったが、7歳の時に母が病死。父は、娘連れの女性と再婚した。45年6月、大中が国民学校2年生の時、一家6人は開拓団の一員として旧満州依蘭県へ渡る。「王道楽土」と謳われた広大な土地。家族で力を合わせて川から材木を拾い、自分たちの家を建て始めた。しかし、柱ができた時、戦争は終わった。

それからの逃避行は、1週間ほど続いただろうか。馬車や船に乗り、最後はソ連軍のトラックでハルビンの難民収容所へ。途中、中国人が「手伝ってあげる」と言い寄ってきては、荷物を奪っていった。道端には老若男女、日本人か中国人かもわからない遺体が折り重なっていた。

父はソ連軍に連行され、残る5人の収容所生活が始まった。弟は体調を崩したが、継母は弟に配給されるわずかなおかゆをも奪い、自分と実の娘で独占。数週間後に、弟は腸が透けて見えるほどにやせ衰え、息を引き取った。収容所へ戻った父も、高熱を出す。「お父さんが夜中にうなされて、雪を取ってこいって。こっそり外で取ってきた雪を額に乗せると、フラフラして何度も落とすんよ。そのうちに私、寝ちゃってね。目が覚めると、お父さん、死んでたんだね」

やがて、継母とその娘も栄養失調で死亡した。降り積もった雪が溶けたころ、生き残った姉と2人、別々の中国人の家に引き取られる。大中は、工場労働者の子ども「王秀蘭」となった。姉は結婚しそびれた年配の男性の家などを転々とした後、馬の飼い葉売りの家へ嫁に行き、子ども2人を残して55年に他界した。享年25歳。

▼学校へ行けず

新しい養父母の家で、大中は毎朝5時に起きて、豚や鶏など家畜の世話に追われた。小麦の殻やコーリャンのくずを鍋で混ぜ、餌にする。寒さが厳しく、手のあかぎれは冬の間ずっと続いた。養父と養母、養父の甥との4人暮らし。家族全員の食事を用意して、空き時間には針仕事。靴から服まで、家族が身に着けるものは何でも作った。「遊んだ記憶はないね」。養母がマージャンに負けるたびに、ほうきや靴で殴られた。豚小屋の中で首を吊ろうとしたが、ひもに手をかけてやめた。「勇気がなくてできなかったんよ」

真剣な表情で日本語の授業を受ける大中はつゑ。失われた青春を取り戻す旅は、始まったばかりだ＝兵庫県尼崎市内（平野雄吾）

日本人憎さのいじめか、それとも愛情ゆえの厳しいしつけか。今も時々、養母のことを思い出すが、わからない。「厳しかったから、針仕事でも何でも、できるようになった」

身ぶり手ぶりで中国語を覚えたものの、文字の世界からは取り残された。「学校へ行けなかったのが、一番悔しい」。近所の子どもが庭で宿題をするのを、よくのぞき込んだ。24歳で養母の甥と結婚。「育ててくれた養母への恩返し」という思いがあった。文化大革命の時代、農村に移住させられ、雨漏りする家で4人の子どもを産み育てた。

▼本名に戻る

日中国交回復後の76年、福知山市へ里帰りした。「うれしいというか、悲しいというかね。やっと帰って来られたとも思ったし、1人しか帰って来られなかったとも思った」。幼いころ母と一緒に歩いた川辺、たった1年しか通えなかった学校の校舎……。記憶がふつふつと甦る。渡満する前夜、ランドセルを背負って、家のまわりをはしゃぎ回った。あれから30年の月日が流れていた。住んでいた家は取り壊され、竹やぶに。庭に植えてあった柿の木だけが残っていた。弟と一緒によじ登り、遊んだ1本の柿の木。

親族からは「住み慣れた所が故郷だ。言葉もわからないのに、どうやって暮らすんだ」と受入れを拒否された。しかし、弟が中国で戦死したという男性が保証人になってくれて、79年に永住帰国。一家6人で、福知山市での新生活が始まる。「王秀蘭」は大中はつゑに戻った。仕出し店の総菜作りの仕事に就き、鉄工所に勤める夫とともに、朝から晩まで働いた。夫婦で月約20万円の収入。「できるだけ自分たちの力で生きていきたい」と、生活保護には頼らなかった。仕事場で積極的に同僚に話しかけ、日本語も覚えていった。でも、文字はお手上げ。市の広報紙が理解できない。「日本人なのに、日本語が読めないのが、悔しかった」

▼裁判で支援策

32年に日本が〝建国〟した「満州国」。日本政府は国策として約27万人の開拓移民を送り出した。ソ連軍の参戦により、戦死や餓死などで8万人が死亡し、18万人が引き揚げ、約1万人が残留を強いられたとされるが、正確な数字は今もわかっていない。関東軍が17歳以上の男子を現地召集したため、残留者の大半は女性と子どもだった。当時13歳未満だった人が中国残留孤児、13歳以上が中国残留婦人と呼ばれている。81年に集団訪日調査がスタートし、本格的な帰国が始まった。厚生労働省によると、２０１０年10月までに永住帰国した孤児・婦人は計６６５０人。帰国者の子どもや孫ら親族も2万人以上が日本で生活している。

帰国後も日本語能力の不足などでなかなか定職に就けず、貧しい生活を続けていた残留孤児らは02年以降、国の責任を追及し損害賠償を求めて全国15地裁に提訴。原告側敗訴の判決が相次いだものの、神戸地裁での勝訴を経て08年から、国民年金の満額支給や、生活保護に代わる給付金などを柱とする支援策が実現した。神戸訴訟の原告側弁護団長・宗藤泰而は一連の訴訟の成果を評価しつつも、「国が謝罪せず、責任が曖昧なままなのが最大の問題点」と指摘する。

▼青春を返して

大中は01年に夫を亡くして、現在は一人暮らしだ。「戦争に振り回された運命を恨んでも仕方ないけど、時々『青春を返して』って思うわ」と語る。国の支援策で月十数万円の収入が保障され、ようやく勉強する時間ができた。同じ立場の友人に勧められ、週に2回、約2時間かけて日本語教室に通う。「せめて中卒の学力が欲しい。いろんな小説を読むのが夢なの」。子どものように、はにかんだ。

10年3月、尼崎市の公民館で開かれた日本語教室の発表会。自分で作った短歌を、大中は数十人の講師や生徒の前で読み上げた。

「ばあちゃんも行きたかったよ学校に　孫の教科書ちょっとのぞいた」

（平野雄吾）

別れても借金背負う

フィリピン人女性と偽装結婚――阪口真一（仮名）

「軽く考えてました。いい小遣い稼ぎになるかな、というぐらいに」。東京近郊の駅前の居酒屋で、阪口真一（40）は少しかすれた声で話しだした。小柄で丸顔。年より少し若く見えた。

彼と会う約束を取りつけるまでには、一苦労があった。

日本の夜の繁華街で働くアジア諸国出身の女性のなかには、日本人男性といわゆる偽装結婚をしている者が少なからずいる。特にフィリピンや中国の女性に多い。店を訪ね、偽装結婚の女性を探し出すのはさほど難しいことではなかったが、彼女らに「相手の日本人男性に会いたい」と切り出すと、さすがに警戒された。記事では名前や住所を伏せることなどを説明すると、男性側への打診に同意してくれた女性もいた。その場合も、日本人男性側に話が伝わると、拒否されることがほとんどだった。

数カ月、行きつ戻りつし、ようやく会えたのが彼だった。阪口は2006年から約1年間、1つ年上のフィリピン人女性と偽装結婚していた。

▼機内で勧誘

きっかけは、フィリピン・マニラへの旅行だった。たまたま機内で隣になったマニラ在住の日本人男性から持ちかけられたという。「戸籍を貸すだけで最初に30万円もらい、結婚後は毎月、女性が5万円払う約束でした」

高校中退後、阪口はずっと建設関係の仕事を続けてきた。結婚歴はない。バブル時代には飲み歩くこともあったが、その後、今に至るまで給料は手取りで月額20万円ほど。月5万円の報酬は魅力だった。

阪口に提示された報酬は、取材した限りでは、日本人男性とフィピン人女性の偽装結婚契約の平均的な金額でもあった。これに、1年または3年ごとのビザ更新の際に、10万~30万円の「更新料」を受け取る場合も多い。

そこには当然、男性側のリスクもある。偽装結婚が入管当局などに発覚すれば、公正証書原本不実記載などの罪に問われることになる。

▼月1度の雑談

戸籍上は夫婦だが、同居せず、性交渉もない。月に1度会って、5万円の受け渡しをするだけの男と女。阪口とその相手ジェニー(仮名)との奇妙な関係が始まった。

会う場所は、ジェニーが働く店がある東京都内の繁華街で、居酒屋が多かった。最初だけ「仲介人」が立ち会ったが、それ以後は携帯電話で連絡を取り合い、2人だけで会った。

2人の間に特に話題はなかった。ジェニーが店での仕事の話などをし、阪口は適当に相槌を打つ。5万円のほか、ジェニーが使う阪口名義の携帯電話代を精算、30分ほど雑談し、そのまま別れる。

だが、その「奇妙な関係」はわずか3カ月で破綻し始める。「店の客が減って、思ったほど稼げない」。ジェニーが言い出し、支払いが滞るようになった。やがて、阪口がいくら電話で督促しても、ジェニーは「お金がない」と言い続け、会うことを拒むようになった。

「やれやれという思いでした。やっぱり、話がうますぎたな、と。でも、当時は損をしたわけではなかったし、しばらくほっておくしかないか、と思っていました」

▼ヤミ金の取り立て

しかし、「ほっておく」わけにはいかない事態に至る。ある日、見知らぬ男の声で「阪口さんですね？」と問いかける電話を受けた。「奥さんの借金を返していただきたいんですがね」。電話の相手はヤミ金融業者だった。執拗な取り立てが始まった。

ジェニーに問いただしても、のらりくらり。マニラ行きの機内で会った日本人男性に文句を言っても、「もう、あんたと女の問題だよ」と軽くあしらわれた。

「ひどい目に遭いました。結局、大損です」

結婚から1年経ち、ジェニーの配偶者ビザが更新されたのを機に、阪口は意を決し、電話で彼女を役所に呼び出した。「離婚届を出すから、すぐ来てくれ。来なければ、これまでのことを警察にすべて話す」。ビザ更新後にそう告げたのは、あと1年の滞在期間が残れば、ジェニー側も離婚に応じやすいはずと考えたためだ。なんとか離婚は成立した。

しかし、法外な利息で350万円にまで膨らんだヤミ金の取り立ては続いた。09年の秋、阪口はとうとうストレスで体を壊し、長期入院した。入院で無収入となったのを機に、弁護士に債務整理を依頼、借金はなくなった。ようやく仕事に復帰したのは10年になってからだった。

▼日本人にもてない

偽装結婚をして繁華街で働くフィリピン人女性のほとんどは、毎月5万円ほどの相手への支払いは「大変だけど、払うしかない」と話す。払わず離婚になれば、ビザの更新もできず、たちまち就労資格を失うからだ。なかには、偽装であったはずの相手から脅され、「お金を払うだけでなく、セックスを強要される。泣きながら応じている」という話さえ聞いた。

偽装相手の日本人側に、阪口ほどの災難が降りかかるのは、例外的なケースだろう。

「お人よしと、よく言われます」。ビールをジョッキで3杯ほど空けたころ、阪口の童顔にようやく笑みが浮かんだ。「別れたジェニー？　ああ、ヤミ金業者と再婚して、日本にまだいるみたい」。あっさりと阪口は言ったが、それが事実だとすると、話がつながる。機内で会った日本人男性からヤミ金業者まで、すべて仕組まれた罠だったのではないのか。

だが、阪口は首をゆっくりと振りながら言った。「もう終わったこと。いいんです。それより、本当の結婚相手を探したい」

フィリピン人女性は一般に「優しいから好き」と阪口は言う。「いい相手がいたら紹介してください」とも言った。「若いころからずっと、日本人女性にもてたことがないんです。僕に

ネオンが輝く飲食店街を1人で歩く阪口真一＝東京近郊（萩原達也）

は、アジアの国の女性しか、結婚相手は考えられない」

結構、話し上手で陽気。イケメンとはいえないまでも、容姿もごく普通。本人の思い込みのようにも感じたが、阪口はそう言い切った。

取材を終えての帰路、記者の携帯電話が鳴った。「今日はありがとうございました。全部話して、僕もすっきりしました」。少し弾んだ声で、阪口は丁寧な礼を言った。

▼芸能人認定を厳格化

日本人の国際結婚は、1980年には結婚総数の1%に満たなかったものの、2008年には約4・9%、3万4千件に上っている。夫が日本人で、妻が中国、フィリピンなどアジア諸国出身者という例が多い。

フィリピン人の場合、03年まで年間約8万人がダンサーや歌手など「興業」の在留資格で入国、繁華街のパブなどで働いていたが、「人身売買防止」などを理由に法務省が05年以降、芸能人としての認定基準を厳しくしたことから、09年には約1900人に激減している。しかし、興行ビザによる就労の方が、働く側にとっては「安全」で、結果的に収入も多かったとの指摘もある。興行ビザによる就労の道が断たれた後も、なんとか日本で働きたいと考える女性が、偽装結婚の道を選ぶ例は多い。

（石山永一郎）

会話する場をつくりたい

主婦らがボランティアで日本語教室――古賀美津子

「コンバンハ」。夕暮れ時、福岡市立香椎浜小学校の教室に、外国人が次々と入ってくる。中国、韓国、エジプト……。「久しぶり。元気にしてた？」。古賀美津子（42）が笑顔で迎える。

毎週木曜夜に開かれる日本語教室「よるとも会」。主婦の古賀を中心とする同校の保護者たちが２００３年に立ち上げた。先生役は住民らがボランティアで務め、地域に住む外国人が学ぶ。これまでに通った生徒は20カ国以上から、千人を超える。

「『５日』と『いつか』は同じ読みでも、発音で意味が違ってくるんですよ」。首を傾げたエジプト人男性に、古賀は身ぶりを交えながら説明した。教室では、先生と生徒がマンツーマンで向かい合い、片言の日本語が飛び交う。勉強が一段落した休憩時間には、互いの近況や生活上の悩みにも話が及ぶ。

▼トラブルばかり

香椎浜校区には外国人が多く、５年前の古賀の調査では、約2千世帯の1割に上る。近くに九州大の留学生宿舎があり、家賃の安い公営団地も立ち並ぶためで、10年ほど前から増え始めた。国籍はインドネシアやスリランカ、フィリピンなどさまざま。中国からの帰国者の家族も多いが、日本語が達者な人は数えるほどしかいない。

みな当初は、国籍や宗教を背景に形成されたそれぞれのコミュニティーにこもりがちで、日本人との交

なるのでは」と不安を覚えた。

エジプト人の男性（右）らに日本語を教える古賀美津子（中央）＝福岡市東区の市立香椎浜小学校（上嶋茂太）

流もなかった。「10年前までは地域も学校もトラブルばかりだった」と古賀は振り返る。

　ゴミの出し方や団地の掃除などをめぐり、住民間の摩擦が絶えなかった。マンホールの蓋が盗まれた時は「外国人がやった」と根拠のない噂が流れた。公園で遊ぶ子どもたちがフィリピン人の男の子を「フィリピン」「フィリピン」とばかにするようにはやし立てた。スリランカ人女子の肌の色をからかう替え歌がはやったこともあった。

　外国人の親たちも困っていた。上履きが必要というような、日本の学校での習慣が理解できない。日本語で書かれた学校からの連絡文が読めないため、指定された持ち物を子どもが忘れてしまう。何度も続くうちに、親に不信感を抱いて荒れる子もいた。

　当時、古賀の長男は小学生。外国人の〝ママ友〟から相談され、同じ母親として心を痛めた。同時に「こんな環境で育ったら、うちの子も外国人を差別するように

▼大人から変わる

どんなに家庭で言い聞かせても、学校や地域で差別があれば、子どもたちは流されてしまう。「子どもの意識を変えるには、まず大人たちが変わらなければ」。古賀はＰＴＡに働きかけ、学校や区役所のお知らせを外国人の親に読み聞かせる活動を保護者の有志で始めた。言葉が通じれば、もっと理解し合えると、よるとも会に発展していった。

03年の開講日には、口コミとスーパーでのビラ配りのみの宣伝にもかかわらず、予想をはるかに上回る１００人近い外国人が訪れた。ボランティアは数十人。とても手が回らず、参加者のためのスリッパも足りなかった。古賀は「やっぱりみんな必要としていたんだと思ったけど、パニックの連続だった」と苦笑する。

ボランティアの確保や教材購入のための資金集めなど、手探りで解決した。学校側も協力的で、空き教室を進んで貸し出してくれた。香椎浜小だけでなく、近隣の小中学校からも教師が顔を出し、参加した外国人の子どもたちの勉強を見てくれた。

先生役の多くは、日本語を教えた経験がない。生徒も参加は自由。必ず足を運んでくれる生徒もいれば、2年に1度しか顔を見せない人もいる。言葉の上達には非効率かもしれないが、「無理せず、住民同士が顔を合わせて、会話する場をつくる」ことに力を注いできた。

▼政府も支援

在住外国人への日本語教育は、よるとも会のような任意団体が大きな役割を果たしている。文化庁の09年度の調査では、日本語教育施設は全国に１６５５カ所あり、日本語学校や大学を除くと、任意団体や各地方自治体の国際交流協会などが大半を占める。指導者も半数以上をボランティアに頼っているのが現状だ。

同庁は06年度から支援制度を強化し、日本語教室の設置運営や教師の人材育成などに資金を出すようになった。ただ、教材費の購入などに使途が限定されているため、よるとも会が最も必要としているボランティアの交通費などには使えない。古賀は「制度自体はありがたいが、もう少し個々の団体の実情を理解して柔軟に対応してもらえたら」と話す。

▼与えるだけでなく

「やっていて良かった」と古賀がしみじみ思ったことがある。長男が中学時代に毎週、手伝いに来てくれた。よるとも会では、外国人が気兼ねなく通えるように、子どもたちを預けられる「キッズルーム」も併設している。長男は自ら進んで外国人の子どもたちの面倒を見たり、教室の片づけをしたりした。3年間、一度も休まなかった。

「私がやろうとしていたことを、息子はちゃんと理解してくれていたんだと、うれしくて。外国人と接することで、どんなにいい経験ができたことか。与えるだけでなく、こちらが得たこともたくさんある」と古賀。

すれ違った住民が声を掛け合うようになり、自治会は年に1回、国際交流会を開いている。香椎浜小には日本語教育の教諭が配置された。地域も学校も変わってきた。

校区には、今も新しい外国人が増え続け、よるとも会にも毎週のように新しい生徒が訪れる。転入に伴い、「ゴミ出しのルールを守らない」など同じトラブルが繰り返され、徒労感を抱くときもある。それでも、古賀は信じている。「会話を続けていれば、きっとわかり合える。少数派の外国人に住みやすい街は、私たちにも住みやすいはずだ」

（上嶋茂太）

強制送還後も仕事を支援

不法滞在者を雇った造園業者——関谷正夫

「不法就労は悪いことだけど、法を超えた情がある」。千葉県茂原市の造園業・関谷正夫（57）は、バングラデシュ人のモハメット・タリック（48）を約10年にわたって雇い、強制送還後も生活支援に心を砕いてきた。「彼はどうやって生きていくのか。いつも心に引っかかっていた」

▼心の支え

出会いは1994年。ログハウスの建設などで忙しく、石川県や愛知県へも一緒に出かけた。「彼はまじめだから、ずいぶん仕事を教え込んだ」。だが、間もなく受注が減少。農園付き住宅地の分譲にまで手を広げていたため、関谷は約20億円もの負債を抱えた。倒産ぎりぎりだった。

そんな時、不法滞在者として、いつ捕まるかもわからない恐怖を抱えながら、生き抜いてきたタリックの姿に励まされた。「私のまわりから人がどんどん離れていくなかで、彼は心の支えだった」

墓石を建てたり、水道工事をしたり。きつい、汚い、危険の「3K」といわれる仕事も、黙々とこなしてくれる。日本人作業員と同じ日給1万円を払った。

タリックに制作を依頼した作品を前に、彼への思いを語る関谷正夫＝千葉県茂原市の自宅（若松亮太）

２００４年、タリックは在留特別許可（在特）を求めて法務省東京入国管理局に出頭した。在特とは、日本で暮らし続けたいと希望する不法滞在の外国人について、生活実態や家族の状況、素行などを考慮して、法相が在留を特別に許可すること。関谷は「耐えて頑張る彼は、日本の力になってくれるはずだ。それを認めてほしい」と応援した。だが、かなわず、05年に強制送還された。

▼ダッカに〝支社〟

バングラデシュの首都ダッカ。自動車の排ガスや砂ぼこりで薄茶色に染まったビルに、机といす、パソコンだけのオフィスを関谷は設けた。

「日本がだめなら、私の会社の支社のようなものをダッカに置いて、彼の仕事をつくろう。言葉もうまいし、コーディネーターとして日本側の注文を伝えられる」

ガーデニング用の塀や竹製品の日本への輸入を企画し、次々とサンプル製作をタリックに発注。しかし、届くものは品質にむらが多く、販売できなかった。「安く作るだけでは、中国に負ける。物の輸入より、もっと豊かな文化や心の交流をしたい」と思い直した。

10年4月、タリックを代表として、芸術家や弁護士らによる非政府組織（NGO）を現地に設立した。美術品の制作や、伝統楽器を中心とした音楽会の開催などを計画。特に、健康の基本は丈夫な足腰だとの考えから、足をかたどった作品づくりに力を入れる。設立集会で、タリックは関谷に謝辞を述べ、「日本の良いものをみんなに伝えながら、頑張りたい」と挨拶した。

関谷は「彼は寝る時、日本をよく思い出すそうだ。全部ひっくるめて良い思い出だと言ってくれる。彼には、日本との懸け橋になってほしい」と語る。故郷で結婚したタリックに、「実の弟のように大切だから」と金のネックレスを贈った。

▼3分の1に減少

法務省の推計によると、主に出稼ぎ目的の不法滞在者はバブル期に急増し、最も多かった1990年代には30万人を超えた。景気の停滞や政府による取締り強化で、10年1月には3分の1に近い11万人程度まで減ったものの、日本と発展途上国の経済格差から、〝黄金の国ジパング〟で働こうとする人は絶えない。

しかし、関谷は言う。「貧しいといわれるバングラデシュへ何度も通っていると、日本っていう国は何だろうと思う。物が余っていて、ない物がない。でも、自殺や病気は多い。（政治や経済が）悪いと言っても、言葉遊びをしているようなもの。そんな国に、本当に良いことは起きないよ」

（若松亮太）

第3章◉働いて働いて

景気低迷により、外国人の雇用情勢は厳しい。一方で、人口減対策としての移民受入れ論もある。日本で働く外国人の実情を追う。

帰りたい、でも帰れない

一時解雇された日系人――レオナルド・ウエハラ（ペルー）

「おはようございます」。栃木県真岡市の繊維工場に出勤した日系ペルー人3世のレオナルド・ウエハラ（36）が、日本人の上司に挨拶した。この日、発した唯一の日本語だった。

同僚はみな日系人。5年にわたる勤務経験と真面目な態度が評価され、シフト内で日系人を統括する責任者に抜擢された後も、日本人社員との接触はほとんどない。家賃を節約するため、工場近くのアパートに同胞3人で同居している。一獲千金を期待して、たまに行くパチンコ屋で、隣の客と「出てる?」「全然ダメ」と会話するぐらいしか、日本語を使う機会がない。

▼何でもやった

祖父母が沖縄県出身のウエハラ。16歳だった1991年に初来日して以来、工場などを転々とし、仕事漬けの日々だ。群馬県で働いていた時、日系ペルー人だけのパーティーで知り合った同胞の女性と結婚。子どもができて妻は母国へ帰り、単身で「デカセギ」を続けている。携帯電話の組み立て、製パン、解体、運転……。「日本で経験した仕事は50種類以上。何でもやってきた」。稼いだ金で買った車は、いつの間にか親戚に持っていかれ、今どこにあるのかわからない。首都リマに土地も買ったが、建物をつくる金はまだない。

2008年の金融危機の後、繊維工場を解雇された。失業手当を受け、知り合いとラテンバンドを組み、路上ライブで糊口をしのいだ。8カ月後に復職できたが、ボーナスは出なくなり、月給も数万円減って約30万円に。24時間操業をシフト勤務で支えても、仕送りや生活費を除くと、手元に残るのは1万円程度。ペルーにマンションを建てて、家賃収入で暮らす夢は、まだまだ遠い。

とはいえ、帰国しても、稼げる職を得るのは難しい。法務省によると、在日ペルー人は09年末で約5万7千人。出稼ぎの日系人は1990年代に増えたが、2008年以降は景気悪化のため、帰国する人が続出している。ただ、知人のなかでは、厚生労働省の帰国支援金制度を利用して帰ったのは、母国の経済成長が著しいブラジル人ばかりだった。ペルー人はみな日本に残った。

▼たどたどしい日本語

日系人の多い栃木県や群馬県には南米系スーパーが並び、役所やハローワークにはスペイン語やポルトガル語を話す担当者がいる。真岡駅前にもスペイン語やポルトガル語の看板が目立ち、ブラジル人神父が運営するカトリック教会もある。「生きるうえで、日本語はほとんど必要ない」とウエハラ。日本人の友だちは一人もいない。所属する派遣会社の日本人社長とも仕事以外、連絡をとることはない。社長も「日系人とのプライベートの付き合いはゼロ。問題があればアパートを訪ねたりすることもあるが、真面目に勤務していてトラブルがなければ、話す機会はほとんどない」と言う。

このため、日本に来て20年近く経っても、ウエハラの日本語はたどたどしいままだ。日系ペルー人の友人の一人は流暢な日本語で「日本では、日本語ができないと、いい仕事もないし、日本人の友だちもできない。レオナルドのダメな日本語じゃ、みんな相手にしてくれないよ」と笑う。

少しでも貯金を増やそうと、勤務時間外のアルバイトを探したウエハラだが、どこも門前払いだった。「日本人は冷たい」。やっと見つけた自動車整備工場は日系人向けで、社長もペルー人だ。その社長ダニエル・ジュパンキ(55)は「人づてに突然、『仕事が欲しい』と頼み込んできた。かわいそうだから、雇ってあげた。困った時は、お互いさまだからね」と話す。ウエハラは「将来、また解雇された時のために、いろんな技術を身につけないと」と、真剣な表情で車の整備に取り組む。アルバイトを始めて半年、残業を増やしてもらい、妻子への仕送りをできるだけ増やしたいと思っている。

▼使い捨て

日系人を雇用する派遣会社などでつくる外国人労働者問題協議会(神奈川県大和市)の事務局長・野口

重雄は「不況で日本人労働者が余り、日系人は不要になってきた」と指摘。製造業派遣を原則禁止する労働者派遣法改正案が成立すれば「日系人の活躍の場が奪われ、ますます帰国の動きが進むだろう。まさに使い捨てだ」と語る。

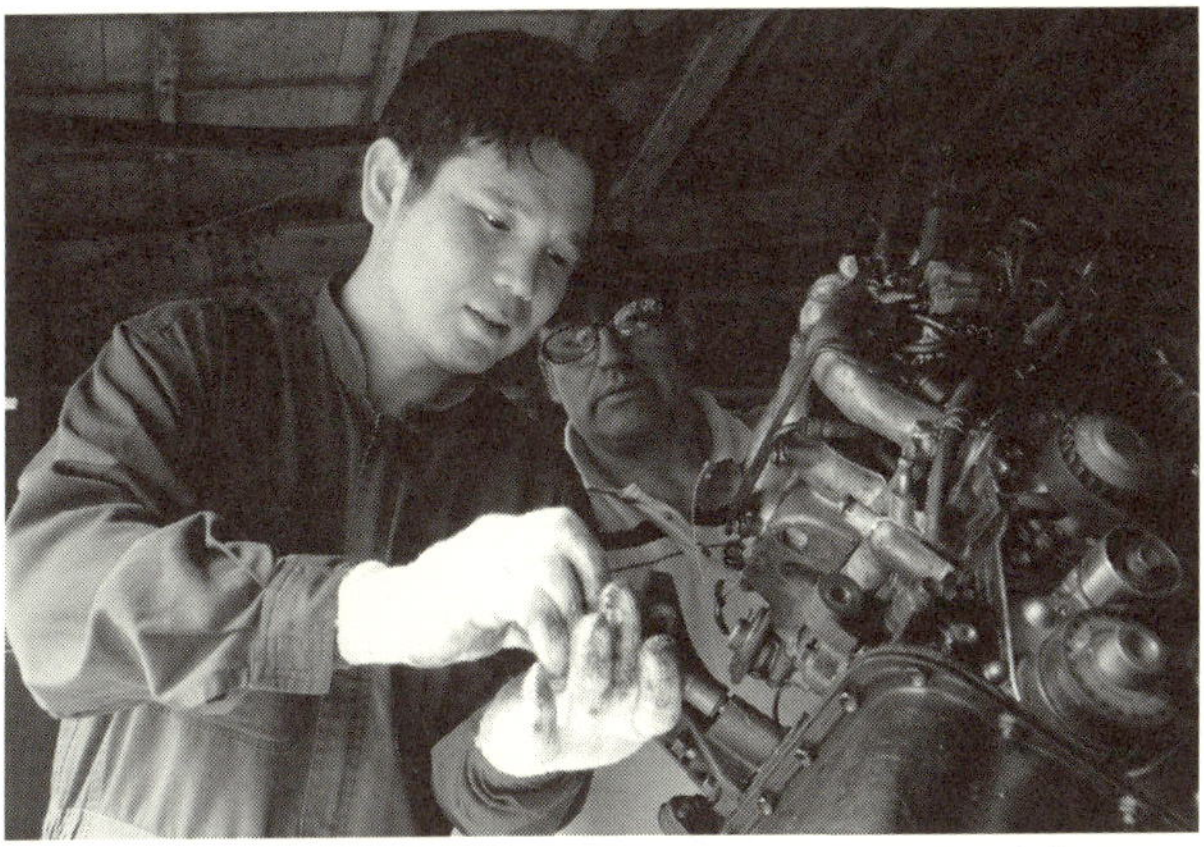
アルバイト先の自動車整備工場で、社長のダニエル・ジュパンキ（奥）の指導を受けながらエンジンに触れるレオナルド・ウエハラ＝栃木県真岡市（萩原達也）

美しい風景や優しい人……。「おばあちゃんの話を聞いて、日本に憧れて来た。でも、今は仕事だけ」。ウエハラはこの国で、良い思い出をつくれていない。「子どもの顔が見たくなる」。日本人との触れ合いは少ないが、日本の音楽は好き。息子には、憧れの歌手、長渕剛と自分の名前を合わせて、レオナルド・ツヨシと名づけた。ツヨシはもう7歳。父親の顔を見ないで育つのは、かわいそうだと思う。子どもの顔を見ないで働く自分も。

妻があまりに強く求めるので、リマに自宅を構えることになってしまった。「いつ帰ろうかと毎日、考えていたけど、家のお金、借金しちゃったから。とりあえずは、ちょっと帰省するだけで、我慢するしかないよね」と寂しげに笑う。母国でつかの間の家族団欒を楽しみ、また日本で仕事、仕事。しかし、「今日はあいつがクビになった」「来月には彼が辞めさせられるらしい」といった情報が仲間うちを飛び交う。不安定な状況は当面、変わりそうにない。

（遠藤幹宜）

最後のチャンスに懸ける
国家試験に臨む看護師候補者――パルリアン・インダ・ヤティ（インドネシア）

インドネシア人看護師候補者パルリアン・インダ・ヤティ（29）＝通称リアン＝の朝は忙しい。5時起きして弁当作り。朝食を済ませ、シャワーを浴び、7時過ぎに地下鉄の駅から混雑した電車に乗り込む。茶色のジャケットにジーパン姿。通勤客に囲まれ、携帯電話ｉＰｈｏｎｅ（アイフォーン）を操る。音楽を聴きながら、日本語の教材や小説を読む。

寮を出てから約1時間後、勤務先の東京都立広尾病院に到着した。リアンが働く7階の内科系の病棟の窓からは東京タワーがよく見える。朝の引き継ぎを終え、8時半に病室へ。日本人看護師とペアで、患者の体を拭き、車いすを押し、食事の配膳。患者の肩に手を回して「大丈夫ですか」と優しく声をかける。

首都ジャカルタ出身。母国で多数派のイスラム教徒ではなく、プロテスタントで酒や豚肉料理もたしなむ。5人きょうだいの末っ子で、兄の一人が日系企業に勤務し、日本の良いイメージを聞いていた。日本での看護師候補者の募集を知り、「面白いと思った」。２００8年に来日、約半年間の日本語研修を経て、広尾病院で働き始めた。大学卒業後、ジャカルタの総合病院で4年間、看護師として経験を積んだが、経済連携協定（ＥＰＡ）に基づいて来た日本では、国家資格がないので、あくまで〝お手伝い〟。以前はこなしていた注射や点滴などの診療補助行為はできない。

▼不合格

そうした看護師候補者の職務内容は頭では理解し、言葉の未熟さも自覚していたものの、勤務開始当初は「なんで」と戸惑った。「来日を決めたのは、技術の進んだ国で挑戦したかったから。でも、慣れてきて、見学も良い経験と割り切るようにした」。例えば、病室の入口に掲げられた患者の氏名。見舞いに来る家族らに便利だ。インドネシアにはない、ちょっとした配慮に感心した。

年配の男性患者から「頑張ってください。日本での経験を本にしてください」と感謝の手紙をもらったことも。広尾病院看護長の菅原田鶴子は「患者さんに積極的に話しかけ、『リアンちゃん』と呼ばれ慕われている人気者です。国柄の違いがあるかと思ったが、違和感なく受け入れられた」と話す。

10年2月に初めて受験した日本の看護師国家試験は、不合格だった。「漢字がよく読めないので、本当に難しかった」。外国人看護師候補者で合格したのは254人中3人だけ。とはいえ、候補者の支援団体が主催した試験対策講座で、一緒に机を並べて勉強した仲間の初の難関突破は、大きな刺激になった。リアンは「一生懸命やれば、できる」と意欲を新たにしている。菅原も「勉強の仕方で自己主張したり、本当に目の色が変わって真剣になった」。

しかし、残るチャンスは11年の一度きり。崖っぷちに立たされた。

▼言葉の壁

言葉の壁は高く厚い。広尾病院では、隣接する看護学校で特別授業を受けられるし、インドネシア在住経験のある日本人ボランティアによる日本語勉強会にも参加できる。恵まれた環境で、日常会話は徐々に上達してきた。でも、仕事では、難しい専門用語もあって、なかなか思うように意思疎通ができない。枕元には日本語の単語カードを置いているが、夕方に勤務を終えて帰宅すると、疲れ果てて寝てしまうことも。「来日前に日本語の勉強を始めていればよかった」と、つい愚痴が出てしまう。

異国での慣れない生活で、ストレスも少なくない。好きなアンジェラ・アキやＫｉｒｏｒｏの曲を聴いたり、部屋で歌をうたったり、サイクリングをしたりして、息を抜く。日曜日には、在日インドネシア人が集まる水道橋の教会に通う。「漢字が上達しますように」と祈ったこともある。

▼人材不足

日本は貿易拡大などのため、インドネシア、フィリピン両国とＥＰＡを締結した。医療や福祉現場の人材不足を背景に、08年から看護師と介護福祉士の候補者を受け入れている。インドネシアからは08～10年に６８６人が来日。フィリピンからも09、10年に４３８人が来た。

インドネシアからは3年間で最大１５００人（看護師候補者６００人、介護福祉士候補者９００人）の受入れを想定していたが、実際に来日した人数は上限を大きく下回った。フィリピンからの受入れも同様に低調だ。厚生労働省によると、両国から来日した計１１２４人のうち、日本語の学習が思うように進まないことなどを理由に、10年10月までに50人が帰国している。

▼変わる国家試験

不人気なのは、ＥＰＡによる受入れ制度自体に問題があるからだ。看護師候補者は3年以内に国家試験

入院患者の食事の世話をするリアン＝東京都渋谷区の都立広尾病院（牧野俊樹）

に合格しないと、帰国を余儀なくされる。候補者への支援体制は、受け入れる医療機関によってばらつきが大きい。候補者の間では、受験回数を増やし、学習支援や給料などの待遇を充実させるよう求める声が強い。

厳しい実情が伝わるにつれ、来日希望者の熱は冷め、最初から資格をあきらめて、短期間の出稼ぎのつもりで応募する人も。批判の高まりに、厚生労働省の有識者委員会は、国家試験で病名に英語名を併記し、難解な漢字に仮名を振り、文章の表現をわかりやすくするなどの対策をまとめた。11年の試験から実施される。

看護師候補者にとって、超難関であることに変わりはない。それでも、リアンは前向きだ。

「合格して、質の高い日本の看護サービスを吸収したい。日本でできるだけ長く働きたいし、運命の人がいれば結婚もしたい。仮に不合格になっても、好きな日本で暮らし、貴重な経験を積めたので、決して後悔はしない」

（星野桂一郎）

保証金没収を恐れ、不正も「仕方ない」

元実習生が工場を提訴――田紅遠（中国）

「きっかけはお金だった」。田紅遠《ティエンホンユエン》（38）は言い切った。中国河北省の紡績会社で約15年、月給1万円ほどで働き続けてきた田にとって、給料が高い日本で働ける外国人研修・技能実習制度は魅力的だった。未知の国への不安もあったが、先に研修生として来日した友人の後押しもあり、期待の方が膨らんでいった。

2006年、熊本県の紡績工場で研修を始めた。日本人の3交代制に対し、中国人は日勤と夜勤の2交代制の長時間労働。職場では私語を禁止され、毎日、ただ黙々と糸を紡いだ。厳しすぎると思ったものの、少しでも反発するそぶりを見せると、「嫌なら中国へ帰れ」と怒鳴られる。体調を崩し、主任に「かぜ薬をください」と頼んでも、「実家にプレゼントするのか」と罵られ、相手にしてもらえなかった。

過酷な労働条件に耐えねばならない事情が、田にはあった。日本に渡るため、中国の仲介業者に支払った保証金は約60万円。年収の数年分に相当する大金で、親類からかき集めた。日本の法務省は、仲介業者などによる保証金徴収を禁じている。だが実際には、研修・実習に参加するには保証金は不可欠で、途中帰国すると業者に没収される。「嫌なことをされても、絶対に帰れなかった」と田。

研修生だった1年目の手当は月4万円と残業代。うち1万5千円を生活費として現金で渡されるだけで、残りは貯金を強制された。実習生になる2年目は手取りが増えるはずだったが、給与は月4万5千円とわずか5千円増えただけ。たまりかねた先輩の実習生らが熊本労働基準監督署に通報すると、給与表の額面は正規の11万円に改善された。ところが、今度は寮費3万5千円などを引かれ、手元に残るお金はあまり変わらなかった。

▼駆け込み

「なぜ寮費が3万5千円もするの?」。不満は日に日に募っていった。しかし、「帰国させられるのが一番怖かった。『仕方ない』と思うしかなく、いつの間にか納得していた部分もあった」。同時期に来日した仲間6人、古びた狭い宿舎で身を寄せ合って耐えた。金を貯めるため、米を買わずに、小麦粉を練って作った団子を主食にしていた時期もある。

3年間の研修・実習を終える直前に仲間と話し合い、工場長に正当な報酬の支払いを求めた。会社側は「帰る前にきちんと渡す」と言うだけで、帰国の日が近づいてきた。「うやむやにして、私たちを無理やり帰すつもりだ」。意を決した田らは、在日外国人を支援する熊本市のNGO「コムスタカ」に駆け込み、保護された。

労基署も交えた交渉の結果、未払い賃金約80万円は返還された。だが、過剰に引かれていた寮費は返ってこなかったため、田は慰謝料なども含め計170万円余りを求めて09年、熊本地裁に提訴した。「自分のお金は全部欲しいのが当たり前でしょう。会社は中国人にはきちんとした説明さえしなかった。悔しい」

▼氷山の一角

「開発途上国の人材育成を支援する国際貢献」が建前の研修・実習制度だが、低賃金重労働の隠れみのになり、各地でトラブルが相次いでいる。法務省は09年、全国に約2万2千ある受入れ団体や企業のうち、360機関の不正行為を認定し、受入れを停止させた。千葉県や熊本県では、中国人研修生が受入れ先の

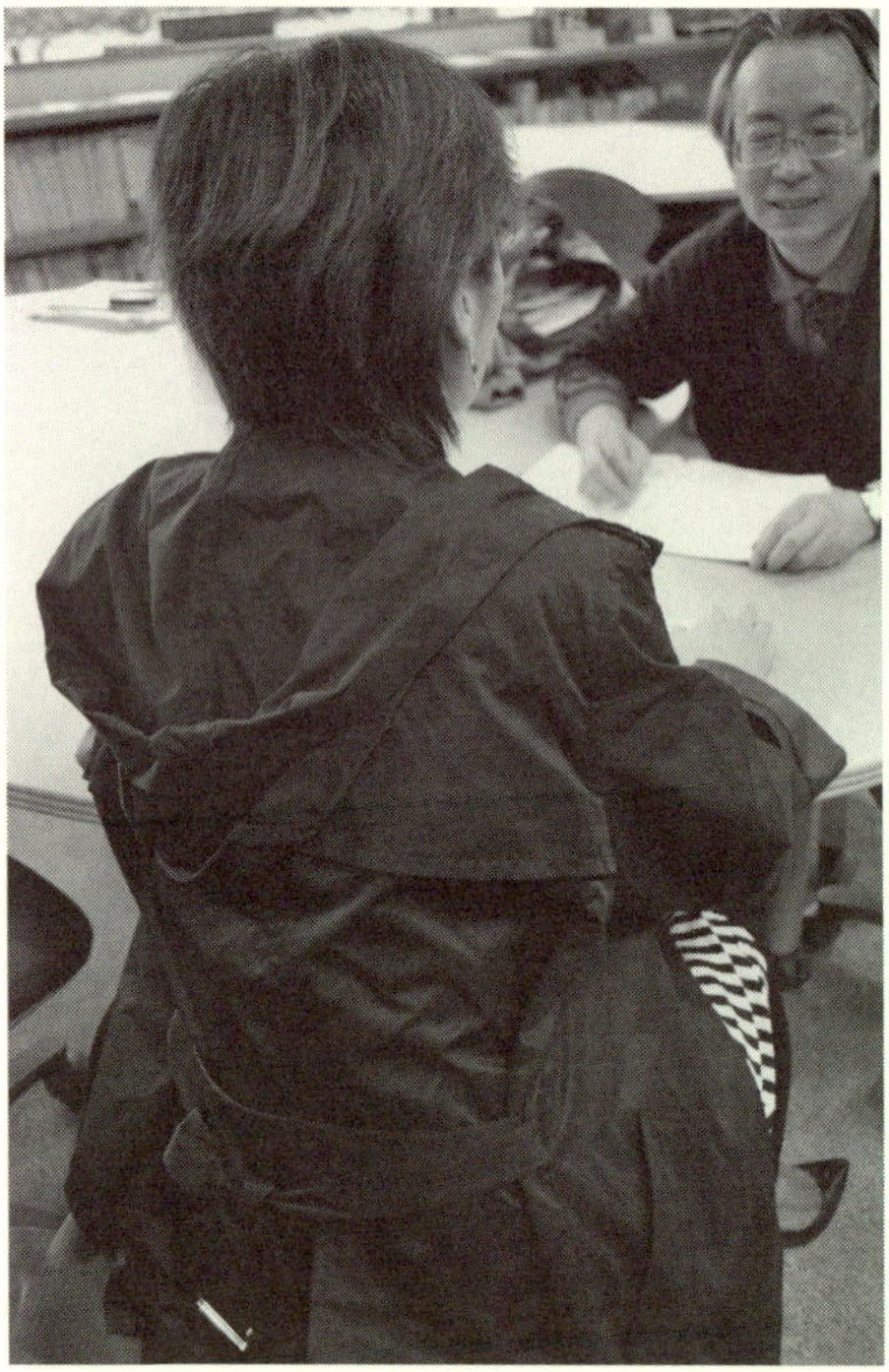

裁判についてコムスタカの中島真一郎（奥）と話し合う田紅遠＝熊本市内（中尾聡一郎）

日本人を殺傷する悲劇まで起きた。10年7月施行の改正入管難民法は、労働関係法令の適用範囲を研修生にも広げるとともに、受入れ機関の不正行為に対する罰則を強化した。

コムスタカ代表の中島真一郎は「表に出たトラブルは氷山の一角。入国管理局の摘発能力にも限界があり、法令違反を黙認しているのが実情ではないか」と指摘する。研修・実習生は仲介業者への保証金に縛られているうえ、預金通帳やパスポートを受入れ機関に預けさせられているなど、被害を訴えにくいケースが多い。外部に相談せず、穏便に過ごした方が、確実に金を得られるという外国人側の現実もある。

▼事実上の勝訴

田らの裁判では、制度上は禁じられたブローカーや仲介料の存在など、被告の会社側による不当な制度運用の実態が次々と明らかにされた。田自身も証言台に立ち、当時の過酷な労働状況を必死に訴えた。10

年9月に和解が成立。会社側が「制度に反した行為だった」と認め、解決金として元実習生1人当たり80万円を支払うことで合意した。事実上の勝訴だった。

来日して5年。ようやく平穏な生活を取り戻した田は、同じ工場で期間工として働いていた日本人男性と結婚し、熊本で暮らしている。コムスタカへの駆け込みから裁判の和解まで、そばで見守り続けてくれた夫との日本での生活になじもうと、日本語を猛勉強する日々を送る。

研修・実習制度について、田はしっかりとした日本語で言った。「日本人に相談できた私はラッキーだった。ほかの実習生には、私のような悲惨な経験をさせたくない。きちんと法律を守ったうえで、外国人を受け入れてほしい」

（中尾聡一郎）

社会に受け入れられない

不法滞在で在日22年以上――ザイン・ミルザ（仮名、パキスタン）

東京都内の建設関連会社の倉庫。「大丈夫なら、今度はそっちをやってみて」。作業服姿のパキスタン人社員ザイン・ミルザ（43）が、こなれた日本語で指示を出す。入社まもない若手に、機材整備の手ほどきをしている。

22年以上、日本で働いてきたミルザは、不法滞在だ。それを承知で雇用している社長は「今どきの日本人と違い、何をしてでも生き延びるぞっていうパワーがある」と全幅の信頼を寄せる。

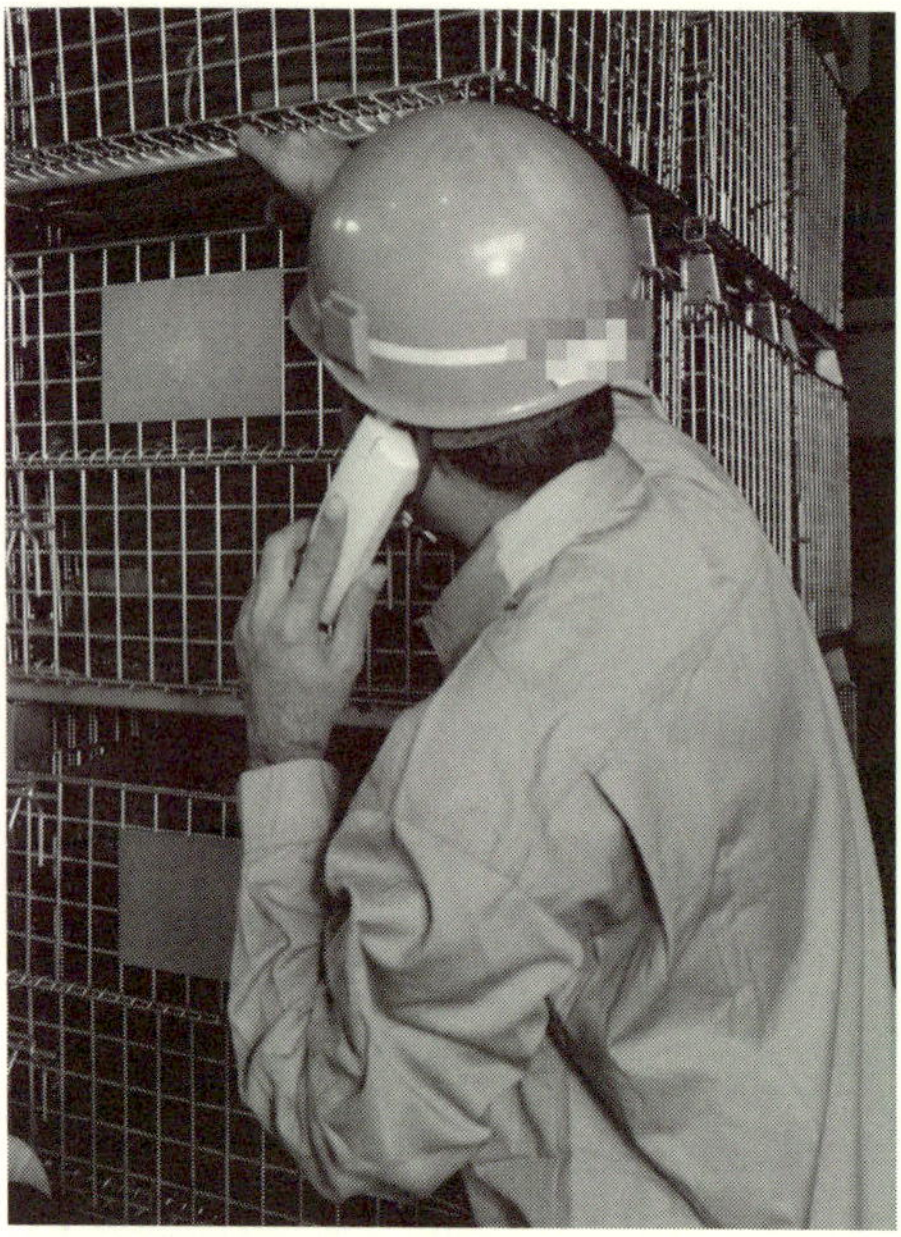

勤務先の倉庫で機材をチェックするザイン・ミルザ＝東京都内（萩原達也）

母国で大学まで進んだザインだが、職が見つからなかった。１９８８年に観光ビザで来日し、在留期間を経過してもとどまった。ウエーター、大工……。「日本では、選ばなければ仕事はある。何でもやった」

同じく不法滞在のフィリピン人アイリーン（42、仮名）と出会い、結婚。息子（15）と娘（８）に恵まれた。「もう少し働いてから帰ろうと思っているうちに、ずるずる時間が経ってしまって。子どもが大きくなったから、もうパキスタンやフィリピンではやり直せない」とザイン。

請負業務が少なくなっていた２００３年、近所付き合いのあった社長から「うちに来いよ」と誘われた。日本人と同じ給料で、初めて社会保険にも加入させてくれた。「法に触れるといっても、困っている人間を見殺しにはできないでしょ」と社長は話す。「『３Ｋ』の業界だから、日本人は来たがらないし。外国人を雇うのは初めてだったけど、ザインは本当に真面目。今は、いなきゃ困る」

▼送還の瀬戸際

ところが07年、通勤中に警察官に職務質問され、入管難民法違反(不法残留)の疑いで逮捕される。その後、9カ月近く、法務省入国管理局の収容施設に身柄を拘束された。

強制送還になれば、自身はパキスタンに、妻子はフィリピンに帰され、一緒に暮らせなくなる。ザインはウルドゥー語、アイリーンはタガログ語で育ったが、家では夫婦の共通語である日本語しか使わないから、息子も娘も両親の母国語はしゃべれない。「不法滞在は反省している。でも、ほかに悪いことはしていないし、税金も払っている。子どもたちの将来を考えて、日本にいさせてほしい」。ザインは入管の係官に泣きながら訴えた。

しかし、送還を言い渡され、裁判で争ったものの、敗訴。あらためて法相に在留特別許可(在特)を願い出て、結果を待っている、瀬戸際の状態だ。家族全員、強制送還に向けた収容を一時的に停止されている「仮放免」中で、その延長のため2カ月に1度、東京入管に通う。「みんな強制送還されるんじゃないか」「またパパが収容されるかもしれない」。手続の日が近づくたびに、アイリーンは眠れなくなる。子どもたちは「日本で生まれたのに、どこへ帰るの?」と繰り返す。

「一生懸命、この社会になじもうとしているんだけど、受け入れられない」。ザインは疲れた表情でつぶやく。

▼計画通り半減

01年の米中枢同時テロ後、政府は治安・テロ対策として不法滞在の取締りを徹底。法務省推計で04年に約25万人だった不法滞在者は、09年には13万人前後と、政府の計画通りほぼ半減した。さらに政府は入管難民法を改正、07年から特別永住者を除く外国人全員に入国時の指紋押捺と顔写真撮影を義務づけ、12年からは外国人登録証に代えて「在留カード」を発行、個人情報を一元化するなど、外国人の管理を強めている。

一方、東京のNPO法人アジアン・ピープルズ・フレンドシップ・ソサエティー（APFS）は1999年以降、多数の不法滞在者が在特を求めて入管に一斉に出頭する運動に取り組んできた。その結果、日本で生まれた子どもが中学生以上になり、母国での適応が難しい家族については、在特が出始める。それまで在特は、日本人の配偶者や子ども、日本国籍の子を育てているシングルマザーらに限定されていた。外国人だけの家族の合法化は、不法滞在者が日本社会に定着している現実を、法務省も認めざるをえなくなったことを示した。

法務省は2006年に在特のガイドラインを策定。09年に改定し、例えば日本生まれの10歳以上の子がいる家族が自ら出頭した時は、在特を出す方向で検討すると表明した。実際に小学校5年生の子も在留が許可され、当初は在特の基準の緩和と受け止められた。だが、他人名義のパスポートで入国したフィリピン人のカルデロン夫妻が、中学生の娘のり子を残して強制送還され、論議を呼ぶと、法務省はむしろ態度を硬化。同様の不法入国のケースなどへの在特を一時、絞り込んだ。結局、09年の在特は、難民不認定者への人道配慮を除き約4600人と、前年の半分近くに減った。ちなみに同年、法務省が強制送還した外国人は、簡易な出国命令の分も含め2万7千人に上った。

▼見捨てられる

外国人の支援者らは「ガイドラインができても、結局は法相の裁量なので、どういう場合に在特が出るのか、未だに不明確だ」と批判する。欧米諸国のように、滞在期間など一定の条件を満たした不法滞在者は一律に合法化する「アムネスティー（恩赦）」を行うべきだという意見もあるが、「かえって不法滞在者を増やす」などの反対論が強い。ザインは「日本はすごく良い国。貧しい国を支援して、希望を持たせている。なのに、なんで自分の国にいる子どもたちに希望を失わせるのか」と問いかける。

ミルザ一家を支援する弁護士の山口元一も「真面目に働く外国人を苦しめ、追い出そうとするのは、本当にもったいない」と言う。

人口が減り始めた日本は今後ますます、海外からの労働者を必要とするだろう。だが、国際的な標準語となっている英語が通じて、多民族社会がそれなりに実現している米国などと比べれば、日本は外国人にとって魅力に乏しい。近年の不況や、途上国の経済成長も相まって、この国は外国人から見捨てられつつある――。そう考える山口は「働き手が欲しいなら、今、日本にいる人たちの人権を保障するべきだ」と警告する。

（原真）

競争にもまれ、転職繰り返す

質と量を兼ね備えた技術者――アミト・シンデ（インド）

東京都心の情報技術（ＩＴ）関連企業のオフィス。インド人のアミト・シンデ（31）は取引先の日本人技術者に交じって、パソコンに向かう。

インドの商業都市ムンバイ近郊に本社を置く新興企業の社員。工場や高層ビルなどの大規模なコンピューター制御システムを構築しており、顧客は欧米やアジアに広がる。2008年に来日し、現在は製鉄のプロジェクトにかかわる。

「自動車もオートメーションもロボットも全部、日本がリードしてきた。この国で働くのは、技術を学ぶ良い機会だ」。流暢な英語で話す。「日本人がみんな英語を話せば、世界をコントロールできる。でも、企業のトップしかしゃべれないから、私たちの出番がある」

ムンバイ出身。両親は工場労働者で、奨学金を得て地元の大学で電子工学を猛勉強した。卒業後、より好条件の職場を求めて転職を繰り返し、現在の勤務先が4社目。月給は日本円にして1万円から35万円程度まで上がった。

「日本人は一社に固執するけれど、インド人はそうではない。会社も新しい人材の新たなアイデアを必要としているはずだ」と断言する。

▼世界標準

今も貧困層が少なくないインドだが、ITやバイオテクノロジー(生命工学)産業は急成長を続け、技術者は内外で活躍している。従業員16万人以上を42カ国に展開するインドのIT最大手タタコンサルタンシーサービシズ(TCS)の日本法人社長・梶正彦は「インドの強みはグローバルであることとイノベーション(革新)だ」と解説する。

小学校から、算数も理科もすべて英語による授業で育まれる語学力。実践的な高等教育で鍛えられ、米国のマイクロソフトやオラクルをはじめとする最先端企業とのビジネスでもまれた技術開発力。この「質」に、大学や大学院から毎年、数十万人の技術者が巣立つ若年人口の多さという「量」が加わる。その結果、「インドのＩＴが世界の標準になっている」と梶は言う。

その陰には、裕福な生活を夢見る技術者や、その卵同士の激しい競争がある。現在も人口が増え続けるなかで、大学受験、奨学金の申請、就職など、あらゆる場面で大勢のライバルに勝たなければ生き残れない。シンデは「インドでは、10人の求人に何千人もが応募する。競争に慣れているインド人に比べ、日本人はハングリーでない」と語る。

冷蔵庫の上に安置したヒンズー教の神様にお祈りをするアミト・シンデ一家＝東京都江戸川区の自宅（萩原達也）

▼安全で便利だが

日本政府はいわゆる単純労働者の受入れを拒否する一方、専門的技術などを持つ外国人については近年は積極的に受け入れる方針だ。インド人ＩＴ技術者に関しても01年、入国ビザの発給要件を緩和した。外国人登録をしているインド人は09年、全国で約2万3千人に上り、10年前の2・5倍に急増している。その1割以上が集まり住む東京都江戸川区の西葛西周辺は、インド料理店やインド人向け宿舎などが立ち並び、「インド人街」と呼ばれるほどだ。

シンデもこの界隈にマンションを借り、一人息子は近くのインド人向け幼稚園に通わせている。「日本は安全で、交通機関などがすごく便利。でも、生活費が高い。子どもの教育もあるし、ずっと住み続けようと考えたことはない。次に行くなら、シンガポールやドバイ（アラブ首長国連邦）がいいかな」と笑う。

長く江戸川区に暮らし、同胞の親睦組織「江戸川インド人会」の会長を務める貿易会社社長ジャグモハン・チャンドラニは、「ＩＴの世界はスピードが速く、技術者は常に最新の技術を身につけていかなければならない」と指摘する。「それができるインド人は、国際的に通用するから、良い機会があれば、どこにでも移っていく」

（原真）

第4章◉併合100年の韓国・朝鮮人

1910年に日本が大韓帝国を併合してから1世紀が過ぎた。植民地とされた故郷を離れ、来日した人々と子孫は、しばしば「在日」と呼ばれる。その今を探る。

苦労ばかりやった
年金から排除された在日1世——宋良

大阪府東大阪市。町工場が立ち並ぶ無機質な一角に、民家のような2階建てがひっそりと佇む。注意していなければ見逃してしまいそうな小さな看板には、「さらんばん」とある。ハングルで「お客さまの部屋」という意味。在日韓国・朝鮮人高齢者向けデイサービス施設だ。

玄関をくぐると、楽しそうな笑い声と無邪気に手を叩く音が聞こえてきた。細長い室内に、15人ほどのお年寄りがいる。みな、異国で辛酸をなめてきた人たち。「ここでは80歳は若い方だよ」とスタッフが笑う。高齢化が進む在日1世が集える貴重な場所だ。

▼早くお迎えを

「苦労ばかりやった」。さらんばん利用者の一人、90歳になる宋良《ソンヤン》は、噛みしめるように、日本での生活を語り始めた。

1920年、朝鮮半島の南に浮かぶ済州島で生まれた。父は漁師で、ひどく貧しかったわけではないが、幼いころに母親を亡くし、継母に冷遇された。「日本に行ったら、子守りでもできるだろう」。そう言われ、大阪で暮らす姉を頼って、8歳で来日した。

「女の子に学問はいらん」とされた当時。学校へ通う代わりに、箱やファスナーを作る工場で働いた。ハングルも日本語も、読み書きは今も不自由だ。15歳で姉のもとを離れるまで、稼いだ金はすべて、その姉に取り上げられた。

19歳の時、いとこの紹介で、同じ済州島出身の1歳年上の男性と結婚した。自分で貯金していた金で嫁入り道具を調え、親類から「えらいね」と褒められたのを覚えている。夫は軍需工場を営んでおり、戦時中も徴兵などを免れ、食料を保証された。周囲は空襲で家を焼かれたが、幸い宋らには被害はなかった。

戦争が終わり、食料などが配給制になると、生活は苦しくなった。だが、「国に戻っても、行く所はない」と、大阪に根を下ろす。戦後、夫が始めた建設会社の経営は順調で、5人の子宝に恵まれ、子育てに追われた。「人生の中で、一番平和な期間だったかもしれん」

ところが、夫が63歳で突然倒れ、意識が戻らないまま1カ月後に亡くなった。会社関係の手続をしなければならないのに、書類が読めない。いろんな人に騙されて、金も社有資産も持っていかれた。「悔しかったよ。でも、どうしようもなかった。それまで読み書きは全部、旦那がやってくれてたから」。会社は畳まざるをえなかった。

その経験をきっかけに、70歳を超えてから、大阪府八尾市にある夜間学校に通い始めた。だが、高齢もあって結局、読み書きはほとんど身につかなかった。

同世代の日本人と違って、年金はもらえない。在日は国民年金加入を認められなかったからだ。生活費はすべて、夫が残してくれた不動産からの家賃収入や貯金で賄っている。子どもたちはすでに全員、定年退職し、老いた母を養う余裕はない。「年金が1銭も入らないのはさびしいね。この先はやっぱり不安や。長生きすれば、子どもに迷惑かけるかもしれん。早くお迎えが来てくれたら、いらん心配せんでよろしいのに」。そう話す宋の目に、涙が浮かんだ。

▼人口の3%

韓国併合以来、日本の植民地支配で土地を失った朝鮮人らは、生活の糧を求めて来日した。さらに、日中戦争が激化すると、朝鮮人は労働者や軍人・軍属として強制的に連行された。在日の歴史に詳しい京都大教授の水野直樹によれば、終戦時、日本の人口約6500万人のうち、210万人（3・2%）を朝鮮人が占めていたと推計される。大多数はまもなく朝鮮半島に帰ったが、祖国の経済の混乱などのため、60万人程度は日本に残った。朝鮮人が働く町工場が多かった大阪府には2009年現在も、全国に約58万人いる韓国・朝鮮人のうち、最多の13万人が集中する。

しかし、日本政府は韓国・朝鮮人を治安管理の対象として、権利を制限した。典型的なのが、国民年金か

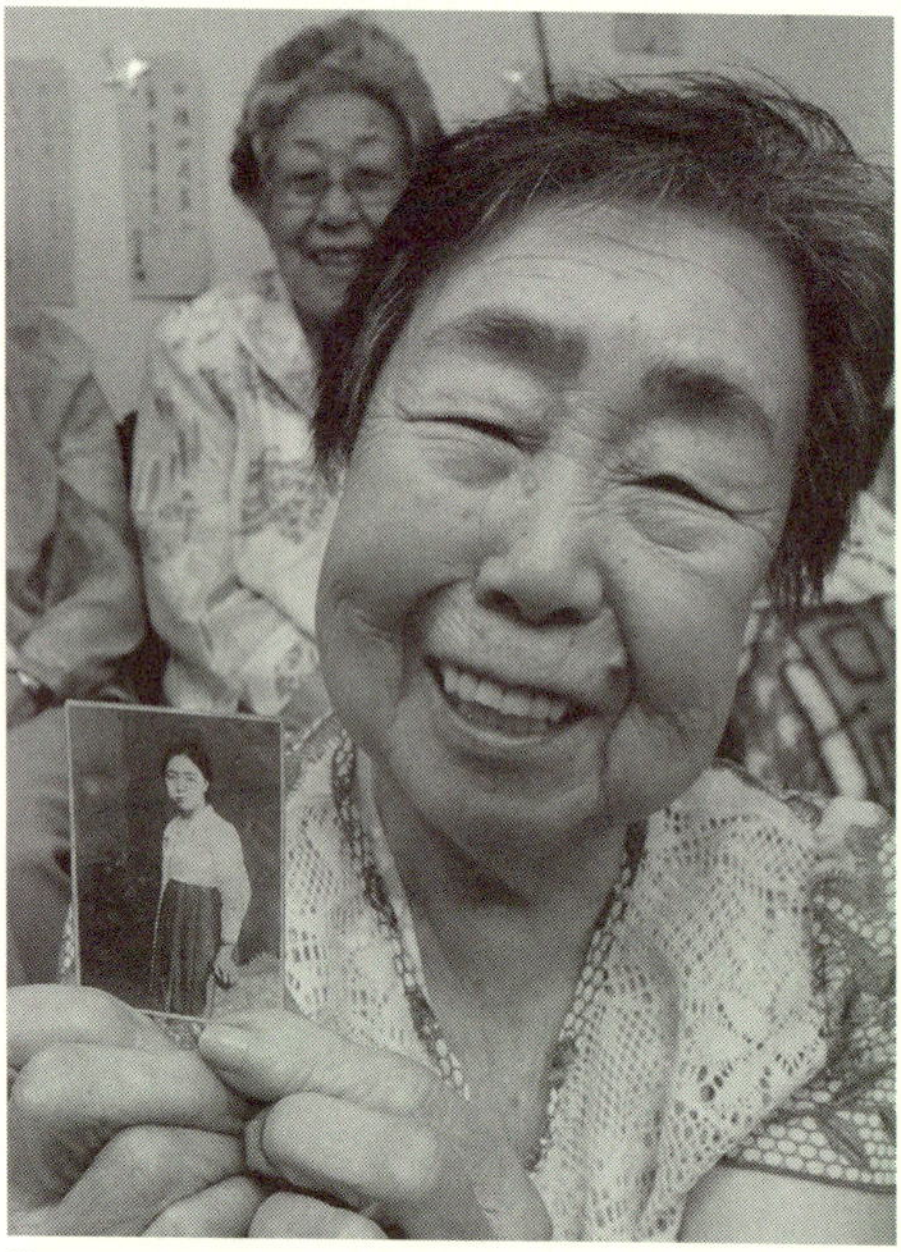

若いころの写真を手に、「今も昔もきれいでしょ」と笑顔を見せる宋良＝大阪府東大阪市の「さらんばん」（江天）

らの排除だった。「内外人平等」を謳う難民条約加入を機に１９８２年、国民年金法の国籍条項を撤廃するまで、外国人は加入させなかった。経過措置をとっても、その時点で、掛け金を払い終える60歳に達していた外国人は対象外に。宋をはじめ、26年4月1日以前に生まれた人は、取り残されたままだ。在日韓国・朝鮮人は何度も裁判で争ったが、最高裁は「立法府の裁量に属する事柄」などとして請求を棄却している。

一部の在日障害者も同様に、障害年金から除外された。年金支給を拒む国に対し、地方自治体は「本人に責任はない」と独自の救済策を実施。在日本大韓民国民団（民団）によると、２０１０年３月末現在、全都道府県・市区町村の３割を超える６２６自治体が、無年金の外国人に特別給付金を出している。ただ、金額は月数千～数万円と、年金より少ないところが多い。

水野は「日本政府は、植民地時代には日本国民だった朝鮮人を差別し、都合のいいように使ってきた」と批判する。

▼複雑な気持ち

宋の子どもは全員、韓国人と結婚した。孫は10人以上、ひ孫は20人を超える。孫の一人が妻に選んだのは日本人だった。「あんたが好きになった人なら、ええやん」。宋は素直に祝福する。自分が若いころは、韓国・朝鮮人に対する差別が激しかった。「私らが日本人と結婚するなんて考えられんかった。時代が変わったんや。（日本人と韓国・朝鮮人が）お互い豊かになって、生活が安定したからとちがうかなあ」

とはいえ、日本人と結婚した孫の子は日本国籍になる。宋は複雑な気持ちだ。「あの子らにも生活があるし、仕方ないけど……。自分は日本国籍にはならん。日本が嫌いというわけやない。私や子どもたちを育ててくれた日本は、故郷と一緒。でも、韓国人であるという思いも、同じくらい大事や」と説明する。

▼宝物

最近は足腰が痛み、外へ出るのがおっくうになった。それでも、週に何回か、自宅から車で10分ほどのさらんばんに通うのが、一番の楽しみだ。ほとんどのスタッフが在日3世か4世で、韓国・朝鮮語が飛び交う。人生の締めくくりの時間を、故国のような雰囲気の中でくつろいで過ごせる。日本人対象の施設に通ったが、なじめずに移ってきた利用者も少なくない。

「年をとると行く所がないけど、ここは同じ年代の人が多くて、話が合う。最高やね」と宋。スタッフの鄭《チョン》貴美《キミ》は「1世の人たちがいてくれたから、私たちの今がある。1世は宝物。私たちの手で大切にしてあげたい」と表情を緩めた。

（江天）

民族や体制を超えた支援を受けて

建て替えの朝鮮学校前校長――宋賢進

狭い路地を挟み、小さな住宅が密集している。海を臨む超高層マンションが林立する、周辺の埋立て地とは対照的な街並みだ。在日韓国・朝鮮人の住民が多い東京都江東区の枝川地区。その一角に、在日を描いた映画「パッチギ！　ラブ＆ピース」の舞台にもなった東京朝鮮第二初級学校がある。２０１０年12月に完成した真新しい2階建ての校舎で、日本の小学校に相当する1～6年生の児童約60人が学ぶ

「昔から、この地域の中心は学校でした」。住民代表らでつくる新校舎建設委員会の実務を担った宋賢《ソンヒョン》進《ジン》（46）が言う。枝川出身の在日2世で、同校の卒業生。大学を出てすぐに母校の教員となり、08年までの9年間は校長を務めた。「人生の3分の2はここにいる」と笑う。

▼手弁当

地区の歴史は１９４１年に始まる。東京市（現東京都）が長屋のような簡易住宅２３０戸を建て、近隣のバラックで暮らしていた朝鮮人を移住させた。前年に計画されながら、日中戦争で中止となった〝幻の東京オリンピック〟を機に、不法占拠を一掃するためだったと伝えられる。ゴミ処分場に近く、生活環境は劣悪。食事にはハエが群がり、舗装されていない道は雨が降れば泥だらけになった。

戦後の45年、既存の隣保館を利用して、朝鮮学校の前身が発足する。64年には、住民が手弁当で校舎を造り、グラウンドを整備した。「自分たちでできることは、なるたけやろうって、うちのアボジ（「父」の韓

国・朝鮮語）も毎日のように土木仕事を手伝った。僕が小学校5年生に上がる時。うれしくて、友だちとみんなで夜の校庭に集まって騒ぎ、怒られた」。同校のPTAに当たる教育会の会長・方世杰《パンセゴル》は振り返る。「今でも、地域の人は何かあれば、この学校に集まる。民族の誇りを教えてくれた所、心のふるさとなんです」

東京朝鮮第二初級学校の前に立つ宋賢進。後ろの旧校舎は2011年春に取り壊された＝東京・枝川（萩原達也）

▼弾圧と運動

太平洋戦争が終わると、それまで日本語教育を強いられてきた在日朝鮮人は、各地で一斉に朝鮮語の学校「国語講習所」を開設した。だが、共産主義教育の温床になると懸念した連合国軍総司令部（GHQ）と日本政府は、閉鎖を命令。大阪や神戸では、弾圧に反発した朝鮮人父母らと治安当局が衝突し、多数の死傷者が出た。世にいう「阪神教育闘争」である。

その後、北朝鮮による金銭的な支援もあり、枝川を含め全国で70校余りの朝鮮学校が存続する。都道府県は民族教育を尊重して政府の反対を押し切り、私塾扱いだった朝鮮学校を各種学校として認可、自治体独自の補助金を支給してきた。スポーツ大会に出場できず、通学定期の割引がなく、大学受験資格が認められないなど、日本の小中高校との格差は残ったが、関係者の運動で一つひとつ是正された。

初級学校の授業内容は、かつては北朝鮮の体制を賛美するような科目もあったものの、宋によれば、現在は「朝鮮の言葉や歴史、文化を教える以外、日本の学校と変わらない」。日本の中学・高校や大学に進む児童が多く、「在日として生きていくための教育」を行っているという。

▼根底に差別か

東京第二初級の敷地の大半は東京都の所有で、無償貸与の契約が90年に切れた後、都と学校側が払下げ交渉を重ねた。すでに、周囲の住宅地は、これまでの経緯を考慮して、市価の7％で払い下げられることが決まっていた。ところが、学校の土地については折り合いがつかず、北朝鮮を敵視する都知事の石原慎太郎は2003年、明渡しを求め提訴した。「子どもたちが通学しているのに、血も涙もないやり方だ。日本人の根底にはやはり差別があるのか」。方は憤った。

折から、北朝鮮が日本人拉致を認め、朝鮮学校には抗議や嫌がらせが相次いでいた。「情勢が悪い。もう終わりだ。学校を取られてしまう」。宋は絶望の淵に立たされた。

しかし、予想外のことが起きる。学校存続を訴える集会に日本人が詰めかけ、応援の輪が大きく広がっていった。韓国メディアによる報道をきっかけに、南の同胞からも多額のカンパが寄せられた。民族や体制を超えた支援を背に、裁判は約1億7千万円という格安の払下げで和解した。

▼歴史的経緯

集まったカンパなどをもとに、老朽化した校舎を建て替える計画も実現した。新校舎の1階には、地域住民らが集える多目的室を設ける。枝川の在日の歴史を伝える資料館にすることも検討している。「裁判で学校のことを広く知ってもらえた。それを生かして、朝鮮人も日本人も、みんなで支える学校になれば」と宋は期待する。

とはいえ、欧米系の外国人学校と違い、朝鮮学校は寄付金を受ける際の税制優遇措置などから排除されている。10年4月に始まった高校無償化法の適用も、北朝鮮による韓国砲撃などを理由に見送られ、朝鮮高級学校の生徒は月約1～2万円の就学支援金を当面もらえない。東京第二初級の場合、児童1人当たりの負担は授業料をはじめ月2万円程度に上る。

枝川で暮らすお年寄りからの聞取り調査などを続けてきた「江東・在日朝鮮人の歴史を記録する会」代表の村田文雄は訴える。「歴史的経緯を考えれば、政府は在日の民族教育を当然、保障するべきだ。外国人との共生という考え方を日本人の間に広げていくことにもつながる」

（原真）

在日には今も日本国籍がある
政府を訴えた研究者――金明観

「私には今も日本国籍があるはずです」。東京に住む韓国籍の金明観《キムミョンガン》（60）は2010年9月、日本政府に日本国籍の確認を求める訴訟を東京地裁に起こした。

父は戦前、日本の植民地だった朝鮮半島から来日し、同胞の母を呼び寄せた。いずれ帰国するつもりだっ

裁判に備え、国籍関係の本を読み込む金明観＝東京・吉祥寺の事務所（原真）

たが、廃品回収や遊技場経営の仕事と子育てに追われ、神戸市に定住。金は京都精華大を拠点に、専門の性人類学を研究する傍ら、在日韓国・朝鮮人の歴史を学んだ。

その過程で、法務府（現法務省）が1952年のサンフランシスコ講和条約発効に伴い、旧植民地出身者は在日も含め日本国籍を失うと通達したことを知る。「両親はもちろん、私も1歳までは日本国民だった。それなのに、私たちの意思を問わずに、一方的に日本国籍を剥奪した。戦後最大の犯罪だ」と金は憤る。

▼違憲の対応

国際法が専攻の明治大特任教授・大沼保昭によると、第2次大戦後に植民地が独立する際、宗主国にいる植民地出身者には、新たな独立国か宗主国の国籍を選べるようにするのが通例だった。ところが日本政府は、日本国民だった在日について、45年に参政権を停止し、47年の外国人登録令（現外国人登録法）で「当分の間、外国人とみなす」としたうえで、講和条約によって日本が朝鮮の独立を承認した結果、日本国籍を失ったと決めつけた。最高裁も61年、大法廷判決でこれを追認した。ちなみに、朝鮮人男性と結婚し、内地の戸籍と区別された朝鮮戸籍に入っていた日本人女性らも、条約発効で「外国人」とされた。

講和条約には韓国と北朝鮮は参加しておらず、在日の国籍に触れた条文はない。すでに施行されていた日本国憲法は10条で「日本国民たる要件は、法律でこれを定める」と明記していたのに、在日の国籍について規定した他の条約も、法律もない。大沼は「厄介払いをするような日本政府の対応は、国際法の趨勢からして、はなはだ問題だ。憲法にも明らかに違反している」と指摘する。

当時は在日自身も韓国か北朝鮮の国籍を「回復」するのが当然と受け止め、在日を外国人として治安管理の対象としたい法務省の通達に、反発はほとんどなかった。南北政府も在日が自国民となることを歓迎した。しかし、日本国籍を喪失した在日は、国民年金をはじめとする社会保障、恩給や遺族年金といった戦後補償などから排除された。日本政府が限りある国家予算を、外国人ではなく、日本国民だけのために使うのは当然とされたのだ。在日の元軍人・軍属や従軍慰安婦らが日本政府に賠償を求めた近年の裁判でも、日本国籍でないことを理由に、原告が軒並み敗訴した。

さらに、領土内で出生すれば国籍を得られる「生地主義」の米国などと違い、日本の国籍法は親の国籍を子が受け継ぐ「血統主義」のため、在日は何世になっても外国籍だ。

▼選択を

「日本政府は常に『文句があるなら、帰化しろ』という態度だが、そもそも私たちを外国人にしたのは誰なのか。今、訴えないと、(両親を含め)1世はみんな死んでしまう」。かつて日本政府に市民権や参政権を要求した金は、韓国併合100年を機に、戦後処理の原点を問い直すことを決意した。

「日本人は韓国・朝鮮人に『未だに昔のことを言う』と嫌なイメージを持っているかもしれない。でも、あの時、国籍の選択を認めていれば、何十年も経って在日が文句を言うことはなかった」

国籍や戸籍に詳しいフリーライターの佐藤文明は「時限立法で在日に国籍選択を認めない限り、この問題は決着しない。そして、在日の日本国籍を確認することは、日本が植民地支配を清算し、多民族国家であると認めることを意味する」と語る。

▼もっと自由に

国籍をめぐっては、最高裁が08年に画期的判決を出した。未婚の日本人男性と外国人女性の間に生まれた子は、出生後に父親から認知されても、両親が結婚しない限り日本国籍を付与されないとする国籍法の規定について、「不合理な差別で、法の下の平等を定めた憲法14条に違反する」と断じたのだ。社会状況の変化とともに、個人にとっての国籍の重要性に配慮した判断だけに、金らは、在日の日本国籍喪失を容認した約半世紀前の判例も最高裁が変更することを期待する。

実は、金は国籍自体には執着がない。「在日はアイデンティティーのよりどころとして国籍にこだわる人が多いが、東京からソウルに日帰りで行ける時代に、なんで1つの国や民族に属さなけりゃいけないのか」。笑いながら、いつもの朗々とした声で言う。「日本国籍を持つ韓国・朝鮮人として生きたっていい。もっと国籍から自由になればいい」

（原真）

家族と普通に暮らすのが夢

帰国事業で北へ、脱北し再び日本へ——木村成泰（仮名）

「北朝鮮に40年近く住んで、ビールを飲んだのは5回ほど。日本に来たら、公園で、仕事のなさそうなおっちゃんらがビールで乾杯してた。ここは天国やな」

そう話す50代の木村成泰は、関西生まれの在日2世。1959年に帰国事業が始まってまもなく家族で北朝鮮へ渡り、脱北して2000年に日本へ戻った。

▼教化所行き

小学生の時、新潟港から帰国船に乗った。父は当時の在日には珍しく、日本の大学を卒業していた。「インテリのプライドがあって、在日ならみんなやってる肉体労働をしなかった。朝鮮戦争後の社会主義国家建設に、学んだ知識を生かそうと、父は帰国を決意したんや」。幼い木村は大きな船に乗るのがうれしくて、はしゃぎ回った。しかし、北朝鮮に着くと、殺風景な土地を見て、両親は涙を流して後悔した。帰国後、両親が「日本に帰りたい」と言わない日はなかった。

家族は北朝鮮当局によって地方の町に住まわされた。父が日本から持ち込んだ財産のおかげで、比較的裕福に育ったが、少しずつ家計は厳しくなった。現地の女性と結婚した木村は、生計を支えようと密貿易を始めたものの、発覚して教化所（刑務所）に収容される。

▼空腹の拷問

思わず、「あっ」と声を上げてしまうほどひどい姿だった。教化所の鉄の門をくぐった途端、ガリガリに痩せた100人ほどの隊列が食堂から出てくるのが見えた。「みんな目だけギョロギョロしていて、首はトウモロコシの芯のように細く、胸から背中までの厚さも15センチくらいしかない。歩き方も、なんとか足を動かしているようなありさまだった」。ここまで追い詰められる過酷な日々に自分が耐えられるか、背筋に悪寒が走った。

毎日158グラムの穀類とスープだけで、川の底の土を人力で運ぶ作業に従事させられた。「常に空腹を味わうことが、最大の拷問だとわかった」。1年間の収容生活で、63キロだった体重は42キロに。目の前で何人もの受刑者が栄養失調で死んでいった。木村はなんとか生き残り、出所した。

とはいえ、いつ再び逮捕されて、家族と離れ離れになるかわからない。折から、食糧難が国全体を覆い、配給が滞った。毎日、山の草がおかず。カエル、カラス、ネコ、キツネ、イタチなど、手に入る生き物は何でも食べた。そのころのことを思い出すと、今でも表情が歪む。「あらゆる苦痛の中でも、空腹ほど苦しいものはないよ」。妻と息子を養うため、軍によるガソリンの横流しを仕方なく手伝った。「もう一度捕まったら最後だ」。残された道は脱北しかない。夏のある夜、中国国境の川を渡った。

▼悲惨の極み

中国でも、公安当局に見つかれば、北朝鮮に強制送還される。家族が一緒にいると目につきやすいので、別々に暮らした。自由に外を出歩くことも、職に就くこともできず、朝鮮族の親戚に頼り続けるのも難しい。山奥の家で息を潜め、自給自足する生活は数年に及んだ。

「本当に息の詰まりそうな毎日だった。誰かの密告で、中国と北朝鮮の警察に家を囲まれたこともあったが、間一髪で逃げ出した」。日本や韓国に住む知人に手紙を出し続けた結果、日本の親戚の協力を得て、命懸けで日本への「帰国」を果たした。

木村を手助けした日本の脱北者支援団体の元メンバーで、千葉県在住の在日2世・李洋秀《イヤンス》は「帰国事業は悲惨の極み」と言い切る。「在日のほとんどは朝鮮半島の南側の出身。国に帰るというより、イデオロギー的な移民だった。帰国者が優遇されたのは最初の数年だけで、希望する仕事さえできなかった」

日朝の赤十字社が主体となった帰国事業は1959年から84年まで続き、約9万3千人が海を渡った。朝鮮人男性と結婚した女性やその子どもら日本人7千人も含まれていた。在日本朝鮮人総連合会(朝鮮総連)は事業を強力に推進し、日本政府とメディアの多くも人道的措置として後押しした。これに対し、韓国政府や民団は「北送」と呼び反対した。

木村は「うちも親戚に帰国を反対された。けど、父は聞かなかった。朝鮮総連に騙されて仕方なく帰国したという人もいるが、日本で差別されながら生き抜いた在日もたくさんいたでしょ。住み慣れた土地を捨てた父が間違ってたんや」と自嘲気味に語る。

▼100分の1の苦労

ようやく、たどり着いた日本。「日本語はすぐに思い出すだろう。それより、社会主義しか知らない俺が、資本主義国家で家族を養っていけるのか」。不安で胸が一杯だった。でも、東京・上野公園で缶ビールを飲むホームレスらしき人々を見た時、心配は消え去った。「この国でやり直せそうだ」

建設現場で毎日、朝から晩まで働いた。「日本での苦労なんて、北朝鮮での苦労の100分の1やで」。

木村成泰が家族と暮らす小さなマンション＝関西地方（角南圭祐）

夜勤も積極的に引き受け、同僚の日本人が驚くほどの仕事ぶり。だが、給料はいつまで経っても同じだった。「資本主義社会では、人の下で働いていてもだめなのかもしれない」。自ら会社を興し、事業を始めた。李は「日本に脱北者は200人以上いるが、社会になじめず、生活保護を受ける人も多い。木村さんは努力して自立した少ないケース」と高く評価する。

木村は韓国籍を取得し、日本名で暮らす。しかし、経営者となってから、「社長が外国籍だというだけで、契約が取れない」。日本社会の閉鎖的な現実に直面、現在は日本国籍取得を望んでいる。

自分の人生を振り返ると、帰国事業を宣伝した日朝の政府、朝鮮総連、マスコミへの恨みもある。ただ、そんなことより、目の前の生活に全力を尽くさなければと思う。「父と母が毎日のように『帰りたい』と言っていた日本で定着したい。資本主義社会で成功するんや」。木村にとって、成功とは「この場所で、家族一緒に普通に暮らしていくこと」だ。

（角南圭祐）

ニューカマーの支援に奔走

指紋押捺拒否した弁護士——張学錬

京都市左京区役所の窓口。職員に促されて、左手人さし指に黒いインクをつけ、用紙に押しつけた。14歳で初めて、外国人登録法で義務づけられた指紋押捺をした時のことを、張学錬《チャンハンニョン》(47)は忘れない。

同区で生まれ育った韓国人3世。小学校には韓国・朝鮮籍の児童が少なくなかったが、「韓国へ帰れ」といじめる日本人の子を先生が咎めない。「(部落差別解消を図る)同和教育は盛んだったのに、民族差別ははっきりとあった」と振り返る。

京都大に進学後、韓国旅行に出かけた。「まだ見ぬ祖国だったから、じーんと来ましたね」。帰国して、民団系の在日韓国学生会や青年会で活動。1985年、指紋押捺を「犯罪者扱いだ」と拒否し、逮捕される。下鴨警察署で被疑者として手の指十本の指紋を採られ、警察官7人を相手に抵抗したため、「指が野球のグローブのように腫れ上がった」。無罪を訴え、裁判で争ったが、昭和天皇死去に伴う大赦で、審理打切りの免訴となった。

▼差別の象徴

指紋押捺は52年施行の外国人登録法で義務づけられ、55年から実際に始まった。在日大韓基督教会の付属機関・在日韓国人問題研究所(RAIK)所長の佐藤信行は「指紋は差別の象徴だった」と指摘する。

税金を納めても、国民年金や国民健康保険から除外され、公営住宅にも入れず、児童扶養手当ももらえ

ナイジェリア人の依頼者と打合せをする張学錬＝東京・霞が関の弁護士会館（萩原達也）

ない――。そんな状況に長く置かれた在日の間で70年ごろから、就職差別糾弾など、日本での権利獲得を目指す運動が活発化する。背景には、在日の世代交代が進み、帰国せずに日本に定住する傾向が強まったことがある。日本が国際人権規約や難民条約に加入した影響もあって、社会保障などから外国人を排除してきた関係法令の国籍条項が次々に撤廃されていった。

さらに80年、東京で一人の在日が指紋押捺を拒否すると、1年以下の懲役刑に処される可能性があるにもかかわらず、膨大な数の在日が後に続いた。日本人による支援グループも全国各地に生まれた。

「日本人の無関心の下に指紋押捺が続けられてきたが、拒否運動を通じて在日の歴史性にあらためて気づかされ、それが90年代の戦後補償要求の運動にもつながった。在日と日本人が一緒に『なんとかしなきゃ』と動き出したのが画期的だった。また、指紋は国の委任で市区町村が採取していたので、外国人も住民であるという認識が自治体などに広まった」と佐藤。

拒否運動の高まりと韓国政府からの要請を受けて、日本政府は2000年までに外国人登録法の指紋制度を全廃、在日には特別永住者として安定した法的地位を認めた。

「警察は治安対策として指紋制度を残したがったが、日本社会に溶け込み、日本人と同じように生活している人から指紋を採るのはおかしい。歴史的経緯のある在日の問題にけりをつけて、急増するニューカマー（新たに来日する外国人）に対応しようということになった」。元法務省東京入国管理局長の日韓文化協会顧問・水上洋一郎は政策変更の背景を解説する。

▼クモの糸

しかし、テロ対策の入管難民法改正で07年から、在日をはじめ特別永住者を除く外国人は、日本入国時に指紋を採取され、顔写真を撮影されるように。この指紋〝復活〟に、オールドカマーである在日からは、大きな反対運動は起きなかった。

「在日はいわば準日本人として特別扱いされているから、ニューカマーには冷ややかだ」。そう苦笑する張は現在、弁護士として、日本で暮らすナイジェリア人やイラン人らの支援に奔走する。

「自分たちも苦労して今の地位を築いてきたんだから。（芥川龍之介の小説「蜘蛛の糸」のように、助けを求める人がしがみつく）クモの糸を切るのではなく、引っ張り上げたい」

（原真）

副主任を解任、また任命

神戸市立中の常勤講師——韓裕治

「副主任は主任の代行をする可能性があるので、外国人はなれない」。神戸市立垂水中学校の常勤講師・韓裕治《ハンユチ》(45)は任命されたばかりの学年副主任を解任された。

在日韓国人3世の韓は別の中学で3年間、副主任を務め、垂水中でも2007年は副主任として働いた。だが08年、新たな学年の副主任と職員会議で発表された後で、校長から「教育委員会に問い合わせたところ、韓先生はできないそうだ」と言われた。

「日本人と同じように仕事は回ってくるのに、一段低いところに置かれている。不条理やな」。韓は「兵庫在日韓国朝鮮人教育を考える会」の日本人教員らとともに、外国人教員への差別の撤廃を求めた。

これに対し学校側は09年、韓を「主任の代行をしない副主任」に任命。10年は副主任から外した。同じ学年の5クラスの担任のうち4人は他校に異動し、残っているのは韓だけなのに、新しく赴任してきた教諭が副主任になった。考える会は「不自然な人事」と批判する。

▼覚書で方針転換

神戸市出身の韓は大学卒業後、私立の女子高の非常勤講師を務めた。日本名を使っていたが、在日の生徒らが本名で通っているのを見て、民族名に替えた。「隠すことがないので、楽になった。私の方が教えられた」。その経験から、「在日の子に在日の教員の姿を見せたい。在日が公務員になれることを示したい」と、神戸市の教員採用試験に挑戦。1993年、同市初の外国人教員として採用された。

その2年前に、日韓両国は在日韓国人の待遇改善などの覚書に合意。日本政府はそれまで「公権力の行使や公の意思形成に携わる公務員には日本国籍が必要」との「当然の法理」を主張し、公立学校の外国人教員採用を原則禁止してきたが、常勤講師に限って認める方針に転換した。

しかし、文部科学省は、講師は教諭と異なり、校長をはじめ管理職に就けず、主任にもなれないと規定している。採用当初は不自由をあまり感じなかった韓も、副主任解任で「自分はまわりの先生とは違うねんな」と思い知らされた。

考える会代表で元高校教員の藤川正夫は「公権力の行使などというが、そもそも教育は非権力的なもの。外国人が管理職になっても、何の問題もない。現に、私立学校には外国人の理事長や校長がいる」と指摘する。

▼行政こそ登用を

全国在日外国人教育研究所によると、公立小中高校の外国人教員は2008年度、全国で200人を超え、多くが韓国・朝鮮人とみられる。自治体独自の判断で、1970年代から雇用しているところもある。文科省が常勤講師での採用を通達した後も、東京都は教諭として採用、主任にも任命している。

市役所や県庁の一般職員、国立大学教授……。外国人の公務員採用は徐々に広がってきたものの、就職できても昇進できない状態が続いている。

韓国籍の保健所職員の管理職選考受験を東京都が拒否したことの是非が問われた訴訟で、最高裁は2005年、「合理的理由に基づき日本人職員と外国人職員を区別するもので、法の下の平等を定めた憲

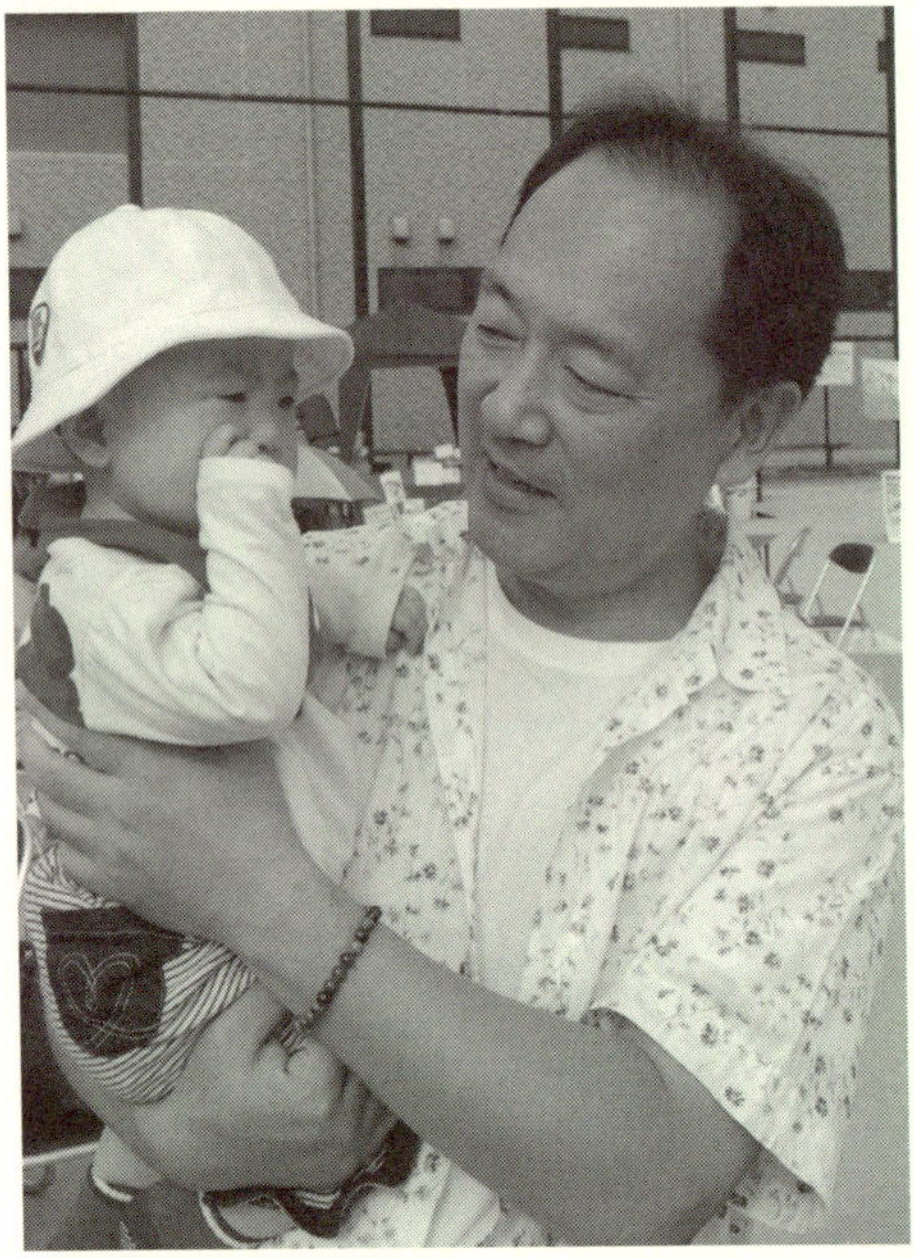

日本人の妻との間に生まれた一人娘を抱き上げる韓裕治＝神戸市長田区の公園(原真)

法に違反しない」と判断。外国人が公務に就くことについて自治体による裁量を認めつつ、行政による「区別」を追認した。

とはいえ、外国人差別が社会に残るなか、行政こそ外国人を積極的に登用するべきだとの声もある。外国人の人口比率を考えれば、公立学校の外国人教員の数はまったく足りない。全国在日外国人教育研究所事務局長の小西和治は「外国人教員がいるだけで、外国にルーツを持つ子どもらは『しんどさをわかってもらえる』という安心感がある。日本人の子どもも外国人を身近に感じられて、共に生きる社会をつくるのに役立つはずだ」と訴える。

（原真）

地方選挙権に決着を

最高裁で実質勝訴した原告団長——金正圭

「このままなら一生、選挙に参加することはできん。裁判で問題提起しよう」。金正圭《キムジョンギュ》（69）ら大阪市在住の韓国人2世11人は1990年、地方選挙権を求める訴訟を大阪地裁に起こした。

翌年の統一地方選を前に、選挙人名簿に登録されていないことに異議を申し出たが、日本国籍がないとの理由で選挙管理委員会から却下された。そこで、「地方選挙権を日本国民に限定した公職選挙法と地方自治法は、法の下の平等などを定めた憲法に違反する」と提訴した。外国人が地方参政権を請求した訴えは初めてで、大きな波紋を広げていく。

▼ほとんど解決

金は兵庫県尼崎市に生まれ、終戦の年に両親と大阪市へ移った。高校卒業後、さまざまな仕事を経て、在日情報誌「KOREA TODAY」を発行する出版社アジアニュースセンターの社長に就いた。大阪韓国青年商工会の設立メンバーでもある。

経済的には一定の成功を収めたものの、選挙のたびに、知り合いの日本人から「投票行ったか」と声をかけられ、悔しい思いをしていた。サンフランシスコ講和条約発効の際、在日が日本国籍とともに日本の選挙権を失ったことへの不満もあった。定住外国人の参政権は欧州諸国ではすでに認められており、民団も87年から要求項目に掲げていた。「指紋（押捺の廃止）をはじめ、在日は一つひとつ勝ち取ってきた。けど、参政権が認められれば、ほとんどのことが解決されるんやないか」。2世の経営者仲間で裁判を準備し始めた。

異論もあった。「選挙権だけでなく、被選挙権も求めるべきや」「いや、どうせやるなら、国政選挙権も」「韓国の選挙権を得る方が先では」……。議論の末、「次の世代のために、まず一つ穴を開けよう」と、地方選挙権に絞った。

▼立法に道

一審の大阪地裁では敗訴し、金らは公選法の規定に基づき直ちに上告した。最高裁は95年、「地方選挙権を日本国民に限るのは、憲法違反とはいえない」として上告を棄却。ただし、「在日外国人のうちでも永住者など、居住する地方公共団体と特段に緊密な関係を持つと認められる者について、法律で地方選挙権を付与することは憲法上、禁止されていない。専ら国の立法政策にかかわる」と判断した。永住資格を持つ外国人らに地方選挙権を与えるかどうかは、国会が決めることだと明言し、立法への道を開いたのだ。

「実質勝訴の画期的判決。日本は単一民族国家という考え方が過去の亡霊だと、はっきり言ってくれた」。記者会見で、原告団長の金は喜びを爆発させた。折から、全国の地方議会で、定住外国人への参政権付与を求める意見書の採択が相次いでいた。民団も最高裁判決を機に、地方参政権獲得を最重要課題と位置づけ、政党への働きかけを強めた。金は「すぐに実現できる」と確信する。

野党だった民主・公明両党は、永住外国人に地方選挙権を与える法案を国会に提出。共産党は被選挙権も認める法案を出した。99年には与党の自民・自由・公明3党が選挙権法案を成立させることで合意した。しかし、「地方政治が外国の影響を受けかねない」などと反発も強く、可決には至らなかった。自民党などの保守派は、韓国・朝鮮人が大部分を占める特別永住者に限って、届け出れば日本国籍を取得できるようにする法案を策定、「参政権つぶし」(民団幹部)に動いた。

２００９年に民主党政権が誕生すると、鳩山由紀夫首相や小沢一郎幹事長は外国人選挙権に前向きな発言を繰り返した。だが、連立政権を構成する国民新党の亀井静香代表が「選挙で民族感情が刺激され、対立が生まれる恐れがある」と反対。民主党内にも異論があり、法案作りは進んでいない。

▼国籍取得も

今や在日の大半が日本で生まれ育った世代だ。ところが、外国籍のままで、自分が住む町の意思決定に参加できない。

経済協力開発機構(ＯＥＣＤ)に加盟する先進30カ国のうち、国籍法が血統主義を採り、重国籍を認めず、外国人に参政権を付与していないのは、日本だけだ。ニュージーランドのように、外国人に国政選挙権まで認めている国もある。

民団地方参政権獲得運動本部の事務局長・徐元喆《ソウォンチョル》は「永住外国人は地域に定着して、税金も払っているのに、発言権がない。住民として認知してほしい」と訴える。ただ、在日外国人のなかでも、参政権については多様な意見がある。

朝鮮総連は「地方参政権は在日に日本社会への同化を促す」と反発してきた。関係者は「日本は朝鮮半島を植民地にした過去を清算しておらず、民族差別が残る。少数派の在日が投票しても、何が変わるのか」と否定的だ。民主党の議連が08年にまとめた提言は、地方選挙権付与の対象を「わが国と外交関係のある国の国籍を有する者」に限定、北朝鮮支持者が多い朝鮮籍の人々を排除しており、総連関係者は「新たな差

「地方選挙権を得た外国人は、住民として地域社会に貢献しようと思う。良い影響が出てくるだろう」と話す金正圭＝大阪市北区のアジアニュースセンター（原真）

別だ」と批判する。

「選挙権が欲しいなら、日本国籍を取得すべきだ」との声も上がる。しかし、「在日コリアンの日本国籍取得権確立協議会」副会長の呉《オ》崙柄《ユンビョン》は「現在の帰化制度では、申請しても、法務大臣の裁量で認められることも認められないこともある」と反論する。呉は、来日して10年程度以上経つニューカマーには地方参政権を認めるよう求めつつ、歴史的経緯のあるオールドカマーについては、保守派が提案したような日本国籍取得法を要求している。「国籍を取って、民族の代表を国政に送ることが必要」と考えるからだ。一方、金は同様の法律の必要性に同意しつつ、「僕は日本で生まれ日本を愛しているが、親の国も大事」と、自らの日本国籍取得には否定的だ。

▼決着つけて

最近は「地方選挙権を認めれば、外国人が対馬や与那国島に集団移住して権力を握り、日本の安全保障が脅かされる」といった、極端な反対論も流布している。これに対し、在日外国人の人権問題に長年、取り組んできた一橋大名誉教授の田中宏は「日本人と同じように、外国人のなかにもいろんな考え方の人がいる。みんなが本国の代弁者として同じように行動することなど、ありえない」と一蹴。永住者はもちろん、日本に定住している外国人にも地方選挙権、被選挙権を認めるとともに、その子孫は希望すれば日本国籍となるよう、国籍法に出生地主義を取り入れることを提案する。

提訴から約20年。菅直人首相は外国人選挙権には慎重だ。「また振り出しに戻った。やるかやらんか、もうどっちでもええから、決着つけてほしい」。金は苛立ちを隠せない。

（原真）

韓国の民族名で教壇に

ルーツ示す日本国籍教諭――宋喜久子

「父が韓国人で、母が日本人のソン・ヒグジャと言います」。1977年、新米教諭として赴任した小学校で、緊張しながら自己紹介した。在日韓国・朝鮮人が多い地域。クラスの子の1割が在日だった。「日本名のままなら、自分のルーツを隠していることになる。差別される側に立って生きる方が、偽りがないと思った」。国籍は日本だが、韓国の民族名で教壇に立ち続ける大阪府八尾市の宋喜久子《ソンヒグジャ》（54）は振り返る。

日本は40年、植民地支配下の朝鮮人を日本人に同化させる皇民化政策の一環として、日本式の氏名を名乗らせる「創氏改名」を実施した。「今も日本名で生活する人が多いのは、差別があるから。なんとかルーツを肯定して生きられるようになってほしい」と宋。

▼根なし草

父母が内縁関係の時に生まれ、母の戸籍に入り、日本国籍となった。父はその後、日本国籍を取得してから、結婚届を出した。複雑な家族の歴史を宋は知らずに、日本人として育った。旧制中学を卒業しながら、定職に就けず、酒に酔っては「おれは根なし草や、無国籍もんや」と暴れる父の気持ちも、当時は理解できなかった。

大学の入学手続のために取得した戸籍謄本を見て、宋は初めて出自に気づく。祖父母の名前の欄に、見慣れない漢字が書かれていた。母は「あんたは日本人なんだから、悩む必要ないで」。父も「日本人として生活する方が幸せやろ」と言った。しかし、「私は何人なの」と、独り苦悩した。

▼困難な道

自分のアイデンティティーを真剣に考えるようになった学生時代に、在日の生徒が集まる地元の「トッカビ子ども会」にかかわり、一緒に裁縫や料理をして遊んだ。「お姉さん」として子どもたちの世話をするなかで、差別を受け、いじめられたという数々の訴えを聞いた。自分に重ね合わせて、ようやく「そういえば、私にもこんなことあったな」と思った。小学5、6年生のころ、仲がよかった幼なじみの女の子から、急にいじめられたことがある。待ち伏せされ、棒で叩かれそうになった。あれは自分への差別だったのかもしれない——。

トッカビ子ども会では、日本名をやめて民族名を使い、「自分を出せた」と明るくなる〝後輩〟にも出会った。

「両親は臭いものに蓋をするようにルーツを隠したけど、臭いものでもなんでもないんだ」。父の姓を名乗り、名も韓国語読みにすることを決めた。

25歳で在日2世の男性と結婚。韓国籍に変更することもできたが、「自分は日本国籍だからこそ悩んできた。その生き方を貫きたい」と日本国籍を維持した。本名は家事審判で民族名にした。「ぐらぐらしていた私が、民族名を名乗ることで、強くなっていった。絶えず背伸びしてきたたんと違うかな」

元同僚の小学校教諭・山田真由実は「宋さんはあえて困難な道を選んでいる。でも、学校には多様な先生がいてほしい」と話す。

在日の子が宋に親近感を抱き、「うちも韓国や」と言えるようになった。日本人の子も「相手を知り、身近になれば、差別しなくなる」と宋は信じている。

あえて民族名にしている自分への冷たい視線を感じることもある。だからこそ、人一倍頑張る。「クラスの一人ひとりを大切にする。誰も落ちこぼれにさせない」

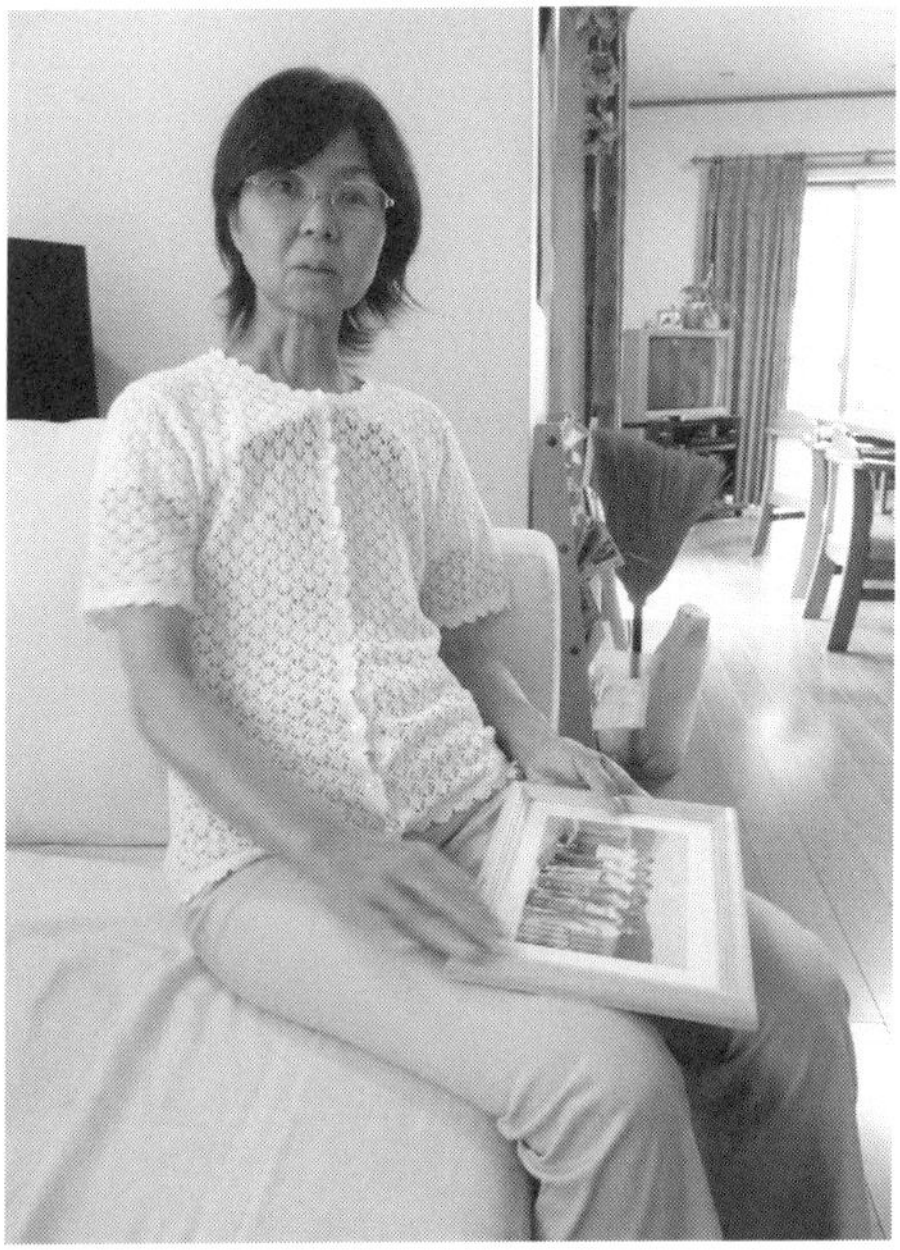

家族の写真を手に、民族名を名乗る意味を語る宋喜久子＝大阪府八尾市の自宅（若松亮太）

▼人口急減

宋には4人の子どもがいる。日韓の

重国籍の三男が成人した２００９年、衆院選の投票に母子そろって出かけた。国籍法の規定により、三男は22歳になるまでに日本、韓国どちらかの国籍を選ばなければならない。それを考えてみるための選挙だった。三男は「日本籍にしたい」と言いながら、今も悩んでいる。

在日の人口は急減している。韓国・朝鮮籍の外国人登録者は１９９１年の約69万人をピークに減り続け、２００９年は58万人。高齢の1、2世が死去したのに加え、最近は毎年数千人、１９５２年以来の累計で30万人以上が日本国籍を取得した影響が大きい。近年は在日の結婚相手の9割程度が日本人で、その子がほとんど日本国籍になることも要因だ。一方、宋のように、日本国籍で民族名を使う人も登場し、「韓国系日本人」「日本籍朝鮮人」などと呼ばれることもある。

宋の父は「子どものためや」と理屈をつけながら、日本国籍を取った。「在日として生きていて何が得やねん」とも言った。母方の親戚には韓流スターの大ファンもいるが、日本人縁者の集まりに父が呼ばれたことは一度もない。宋は、「根なし草」と嘆いた父のことを思う。「日本国籍を取っても、まわりは誰も日本人だと思わなかった。韓国人としての生き方を放棄した父の無念を晴らしたい」

（若松亮太）

南北境界に養豚場を

統一後押しする実業家――都相太

愛知県豊川市の川岸に、ヤギやニワトリを放し飼いする小屋が並ぶ。その向かいに都相太《トサンテ》（69）の〝研究所〟

がある。
魚のあら、ラーメンのくずなどを安く買い集め、廃材を燃料に特製の大型乾燥機で水分を飛ばし、粉末状の飼料を開発している。「技術屋だから、物を作るのが一番面白い」。道路関連機器の大都技研（本社・愛知県豊橋市）グループを一代で築いた在日韓国人2世の実業家は、目を細める。

この飼料生産技術を生かして、韓国・北朝鮮境界の非武装地帯に養豚場を作りたいと、南北政府に提案した。南の廃棄物を飼料に活用し、北の人々に働く場を提供、肉は南北に売り、豚のふんは有機肥料として農業に役立てる――。そんな社会的起業を通じて、南北の統一を後押しするつもりだ。

「国や南北の境界に生きるわれわれ在日こそ、本国を、そして日本を変えていけるかもしれない」と語る。

▼在日も分断

１９４５年、朝鮮半島は日本の植民地支配から解放されたが、南側は米国、北側はソ連に占領された。東西冷戦が激化するなか、48年に建国された大韓民国（韓国）と朝鮮民主主義人民共和国（北朝鮮）は50～53年、朝鮮戦争で衝突し、米軍や中国軍を含め４６０万人以上といわれる犠牲者を出した。北緯38度線近くを軍事境界線として休戦協定が結ばれたものの、厳しい対立が続く。

朝鮮戦争勃発の年に生まれた都は20歳のころ、父に連れられ、軍事政権下の韓国慶尚南道の故郷を初めて訪れた。「電気もなく、すべてが暗い。貧しさに衝撃を受けた。日本の豊かさを発見する旅だった」と振り返る。

73年、東京に滞在していた韓国の野党政治家・金《キム》大中《デジュン》が韓国情報機関によってソウルへ拉致される。金の救援や韓国民主化の運動に、都は資金援助をするようになった。その関係で出資した韓国の会社の社長

NPO法人「三千里鉄道」設立10周年の集会で発言する都相太。右は来賓の元韓国統一相・丁世鉉（チョンセヒョン）＝名古屋市西区の名進研ホール（原真）

が89年、韓国の牧師、文益煥《ムンイクファン》らと南北統一を訴えて北朝鮮に渡り、国家保安法違反に問われたため、韓国当局の取調べを受けたこともある。

統一を求める都は、在日社会のあり方に強い疑問を感じていた。南北の分断が在日の間にも持ち込まれ、民団と朝鮮総連が激しく対立している。どちらに属するのか、「常に踏み絵を迫られる」。２００６年、民団と朝鮮総連はいったん和解に合意したが、民団内部から反発が上がり、進展していない。そんな両団体に多くの在日は嫌気がさし、組織離れが進む。

南北統一を進めるＮＰＯ法人「三千里鉄道」を都とともに立ち上げ、事務局長を務める韓基徳《ハンギドク》は「親戚が集まっても北と南ですぐけんかになる。統一が実現しない限り、この状態は変わらないだろう」と話す。

▼鉄道再建を支援

00年、韓国大統領になった金大中と北朝鮮総書記の金正日《キムジョンイル》が、連邦制による平和統一を謳った歴史的な南北共同宣言に署名する。断絶されていた鉄道、京義線の連結にも合意した。

「海外同胞も宣言に応える具体的な行動をしよう」。都は知人に呼びかけ、京義線再建を支援する募金を始めた。02年に南北両方を訪れ、680万円ずつ寄付。南のソウルと北の新義州を結ぶ京義線は07年に開通した。

その後、北朝鮮に厳しい態度をとる韓国の李明博《イミョンバク》政権の誕生、10年に相次いだ韓国軍哨戒艦沈没や北朝鮮による韓国・延坪島《ヨンピョンド》砲撃で、南北関係は極度に悪化した。京義線の貨物列車運行も途絶えている。しかし、都は楽観的だ。「ベルリンの壁も崩れた。南北とも統一しなければ生きていけない。和解こそが大道だ」

▼日本人の責任

都を支える作家の磯貝治良は「南北分断の根源には、日本による朝鮮半島の植民地支配がある。さらに戦後も日本は、韓国だけを朝鮮半島唯一の合法政府と認め、北朝鮮には敵対的政策をとることで、分断に加担し続けてきた」と指摘する。

最近、日本人のなかに「民族差別や排外主義を恥も外聞もなく顕在化させる動き」が広がってきたと見る磯貝は、政府だけでなく、国民一人ひとりの責任を強調している。

（原真）

第5章◉難民鎖国

「難民鎖国」と批判されてきた日本。だが、新たな方法による難民受入れも始まった。保護を求めて来日した人々を訪ねる。

精神的拷問を受けている

千人申請しても認定ゼロ――ハリル・チカン(トルコ・クルド)

トルコ国籍のクルド人ハリル・チカン(51)は、赤ら顔に白い入れ歯が目立つ。「治安当局に連行され、歯を何本も折られたんだ。体に電気を流され、睾丸をつぶされて摘出手術を受けた」。埼玉県内のアパートで、険しい表情で話し始めた。

クルド人はトルコ、イラン、イラク、シリアにまたがる山岳地帯に推定3千万人が暮らし、「祖国なき最大の民」と呼ばれる。チカンは、独立国家樹立を目指してトルコ政府と武力衝突を繰り返すクルド労働者党（ＰＫＫ）系の合法政党の支援にかかわってきた。身の危険を感じ、１９９４年、弟のいる日本に逃れる。

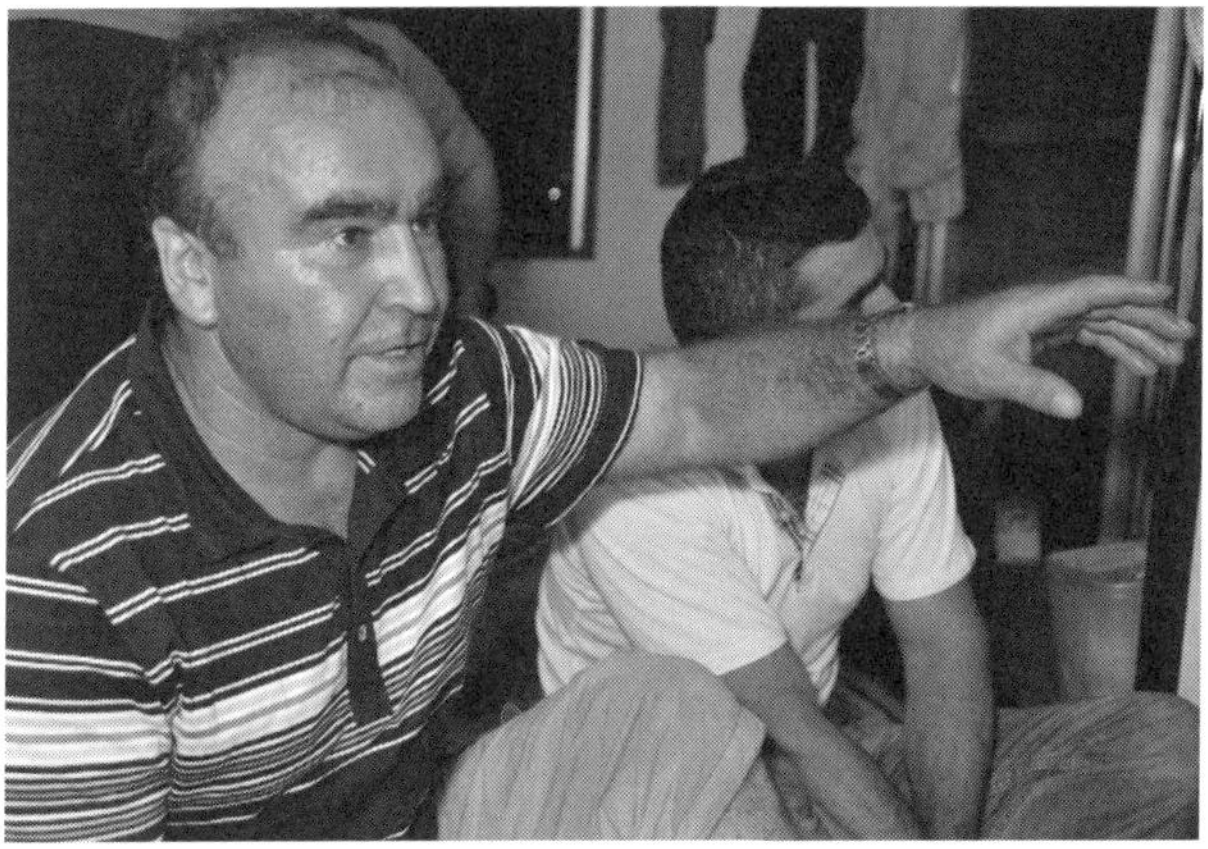

家族と古いアパートで暮らすハリル・チカン。「自分たちの状況を知ってもらいたい」と、あえて実名での報道を望んだ＝埼玉県内の自宅（萩原達也）

法相に難民認定を申請したが、認められず、99年に不法滞在で強制送還された。母国で待っていたのが拷問だったという。

２００５年に再び来日して難民申請し、やはり不認定に。裁判で争ったものの、「供述は変遷があり信用できず、就労目的で来日したと疑わざるをえない」と判断され、敗訴が確定した。現在、３回目の難民申請中だ。

この間、不法滞在を理由にたびたび、妻子ともども法務省入国管理局の収容施設に入れられた。自身が拘束された期間は計1年8カ月。仮放免になっても、在留資格がないため、仕事に就けない。同胞からの借金などで生計をつなぐ。健康保険への加入も認められず、重い喘息の妻を病院に連れていくこともできない。

「日本政府は人間として生きる権利を認めてくれない。トルコで肉体的拷問に遭い、日本では精神的拷問を受けている」

▼桁違い

国連の難民条約は、人種や宗教、政治的意見などを理由に母国で迫害される恐れがあり、海外へ脱出した人を難民と定義、各国に保護を求めている。日本もインドシナ難民の受入れをきっかけに1981年に加入し翌年、発効したが、認定者は極めて少ない。2002年、中国・瀋陽の日本総領事館への脱北者駆込み事件で、難民に冷たい日本に国際的な批判が集まり、政府は入管難民法を改正。日本入国から60日以内に難民申請しないと不認定とされる「60日ルール」を撤廃するとともに、不認定となって法相に異議を申し立てる場合、その審査に第三者が関与する「難民審査参与員」制度を05年に導入した。しかし、参与員が関与した異議却下の判断が、裁判で覆り、難民認定された例も出ている。最近はミャンマー情勢の悪化などから、申請者が急増しているものの、認定者数はあまり伸びていない。

09年、難民認定者が多かった国はマレーシアの約3万5千人、エクアドル2万6千人、米国2万人など。これに対し、日本は30人とまさに桁違いだ。しかも、日本で認定された大半はミャンマー国籍で、ほかの国の出身者はごくわずかにとどまる。

▼テロ対策

クルド難民弁護団によると、特にトルコのクルド人は、欧州諸国では多数が難民認定されているのに、日本では延べ千人以上が申請しながら、認定者はゼロ。人道的配慮による在留特別許可(在特)を得たのも、数家族だけだ。それどころか、法務省はトルコ国籍クルド人に、敵対的にも見える姿勢をとり続けている。04年、不認定処分を不服として提訴したクルド人について、トルコ治安当局の協力を得て現地で身元を調査し、「迫害の当事者である母国政府に難民申請者を密告したに等しい」と非難された。05年には、国連難民高等弁務官事務所（ＵＮＨＣＲ）駐日事務所が暫定的に難民と認め、法相を相手に裁判中のクルド人をトルコへ強制送還した。

法務省は「難民申請では個別の事情を審査しており、特定の国の人に厳しくすることはない」（難民認定室）と説明する。だが、クルド難民弁護団の大橋毅は「クルド人はどんな証拠を提出しても、法務省にも裁判所にも信用されない。欧州諸国で申請すれば必ず認定されるだろうという人が、不認定になっている」と憤る。「日本にとってトルコは友好国で、米中枢同時テロ以降はテロ対策で協力している。だから、トルコ政府批判を意味する難民認定は、できないのだろう」と大橋は指摘。同省などから独立した難民認定機関の必要性を訴える。

▼夢はない

欧州連合（ＥＵ）加盟を目指すトルコ政府は近年、厳しく制限してきたクルド語の使用を認める範囲を広げるなど、人権問題の改善を進めている。しかし、「トルコでは毎日のように、クルド人の命が失われている」とチカン。「送還されれば、息子たちは政府軍に徴兵され、ＰＫＫとクルド人同士で戦わされるかもしれない。子どもをそんな所に行かせたい親はいない」

長男は日本で不認定とされた後、ＵＮＨＣＲに難民と認定され、今はニュージーランドで暮らす。「クルド人は世界中で難民として認められているのに、日本ではテロリストのように扱われる。日本にいても夢はない。ニュージーランドに行きたい」。疲れた顔で、チカンはつぶやいた。

（原真）

助けを求めに来て収容される

認定申請中は働けず困窮――キンボワ・ワハブ(仮名、ウガンダ)

「ウガンダでも日本でも、僕は存在していないみたいだ」。30代のキンボワ・ワハブは手で顔を覆った。母国での迫害から逃れ、日本に来て4年。入管施設への強制的な収容を経て、大阪府内のアパートで、強制送還の恐怖と生活苦に耐えながら、難民認定申請の結果を待つ。

首都カンパラ生まれ。銀行員を目指して進んだ地元の大学で、人生が暗転する。学内にあった野党系組織に入り、2006年の大統領選で不正の監視に当たり、秘密警察に目をつけられた。車に無理やり連れ込まれ、「組織から離れないと、命はない」と脅された。黒光りする銃身が今も目に焼きついている。ほどなく、同じ野党系組織に所属する友人が秘密警察に連行されたと知った。「もう、どこかの国へ逃げるしかない」。知人から国外脱出を勧められ、たまたま一番早くビザが手に入った日本にたどり着いた。

▼木や石

難民認定の制度を知らず、申請しないまま、在留期間を過ぎても、愛知県内の知り合いのウガンダ人宅に身を寄せていた。07年、交通事故に巻き込まれて、不法残留が発覚。大阪府茨木市の西日本入国管理センターに約8カ月、収容された。

「助けを求めに来たのに、拘束されるなんて」。母国に続く日本での〝迫害〟にショックを受けた。別の国へ行けばよかったと後悔した。センターでの生活は「まるで木や石になった気分だった」。

無機質な大部屋に、国籍も文化も言葉も違う10人以上が押し込められた。1人当たりのスペースは1畳ほど。ベッドや布団はなく、毛布にくるまって床で寝た。すりガラスで外の景色は見えない。運動できるのは平日のみ、それも1日50分程度と制限された。体調不良を訴えると、頭痛でも腹痛でも同じ薬を処方された。センターの敷地は、有刺鉄線のある高いフェンスに囲まれている。自由も尊厳も奪われ、「犯罪者のようだ」との思いが、ずっと頭から離れなかった。

イスラム教徒のキンボワは豚肉を食べることができない。センター側はそれぞれの宗教に配慮した食事を提供していると説明するものの、どこまで信じていいのかわからない。朝はパンに牛乳、昼は冷めたご飯とみそ汁、揚げ物……。同じメニューが続き、曜日の感覚すら次第に曖昧になっていった。「いつ出られるのかわからなくて、気が遠くなった。自分の人生がどうなるのか、不安でならなかった」

▼家族が逮捕

収容される数カ月前、ウガンダに残った母と弟が逮捕されたと知人から知らされた。2人は1カ月ほど身柄を拘束された。しばらくして、もう1人の弟が捕まった。「キンボワに関することをすべて話せ。今どこにいるんだ」。黙秘すると、秘密警察は拷問を繰り返したという。

ぼろぼろの体になった弟が、カンパラ郊外の病院で見つかるまでの数日間、母は行方を必死に捜していた。弟は自宅に戻ったが、拷問によるけがで歩けなくなり、今も鈍い頭痛に悩まされている。

「自分のせいで母や弟が……」。悔しくても悲しくても、何もできない。キンボワは収容中のわが身が歯がゆかった。

▼不透明

センターには、茨木市の外国人支援団体「ウィズ（西日本入管センターを考える会）」のメンバーらが面会に訪れ、相談に乗ってくれた。その一人、辻田之子の尽力もあって、キンボワは09年に仮放免された。支援者の助言で収容中に難民申請したものの、10年初めに退けられ、法相に異議を申し立てた。不認定になれば、再び収容され、母国に送還される恐れもある。

法務省によると、収容されている難民申請者は09年末現在、全国で332人に上る。辻田は「収容の基準も期間もはっきりしない。難民に関する日本の制度はとにかく不透明」と批判する。

05年に施行された改正入管難民法は、不法滞在の難民申請者に「仮滞在」を認める制度を導入した。ところが、許可されたのは09年、対象者のわずか7%。不許可になれば、原則として収容される。09年の難民申請者は1388人と、過去最高の1599人に激増した前年よりは減ったものの、依然として高水準だ。法務省は担当官を増やしたが、認定手続は長期化し、08年の法務省調査では、異議を含め平均2年以上に達している。その間、収容を免れても、不法滞在の申請者は働くことが許されない。

「難民申請者は経済的に困窮している。就労の禁止は出国を強要しているようなもので、形を変えた強制送還ではないか」と辻田は憤る。「生かさず殺さずのような状態に置くのは、あまりに非人道的。何らかの形で働く機会を与え、生きよう、働こうとする意欲を生かせるようなシステムが必要です」

キンボワの将来も不透明だ。外務省が難民申請者に支給する月約8万5千円の「保護費」が唯一の収入だが、それだけでは暮らしは厳しい。閑散としたワンルームの自室には、最近、貯金をはたいてリサイクルショップで買った2万数千円の中古パソコンのほか、薄い布団と、祈りを捧げる際に床に敷くじゅうたんがあるだけ。枕元には、使い込んでぼろぼろになった日本語の参考書が2冊並んでいた。「日本の冬は寒

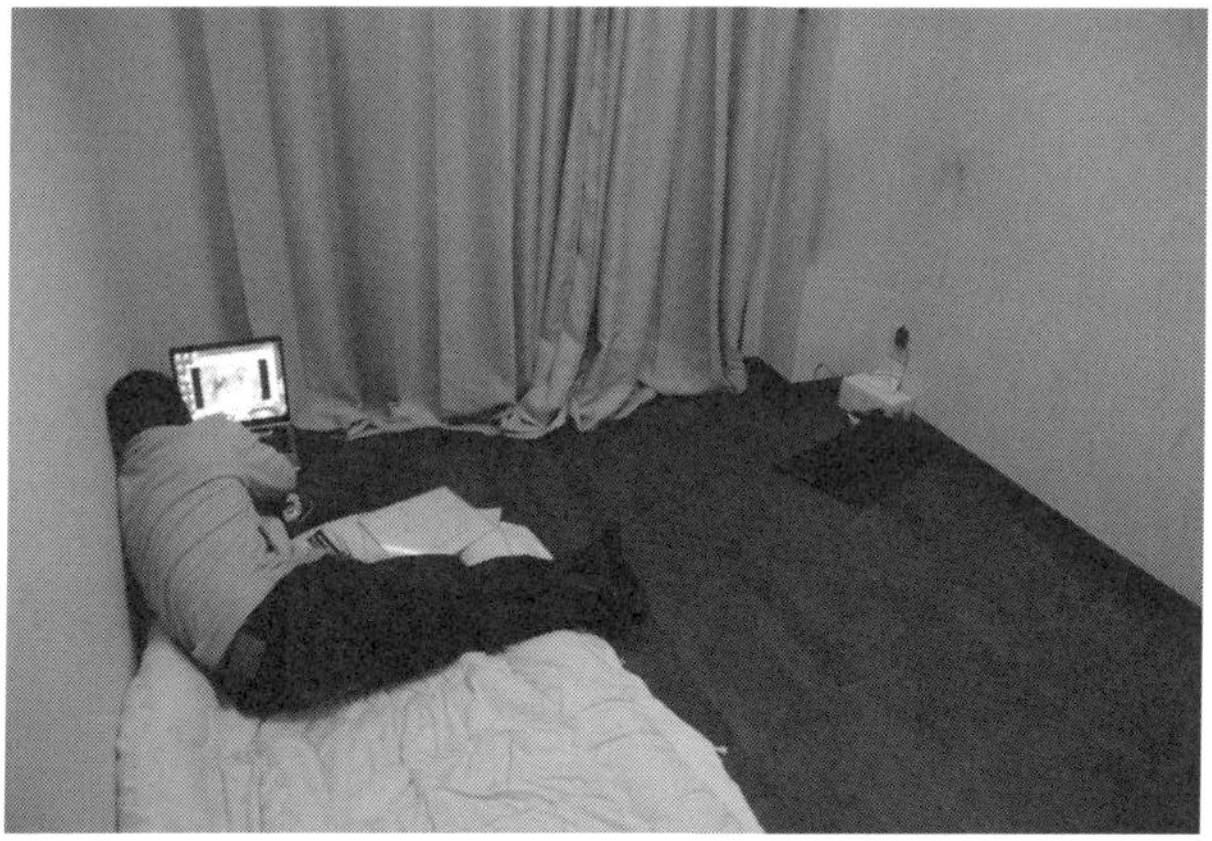

一人暮らしの部屋でパソコンを操作するキンボワ・ワハブ＝大阪府内（岩橋拓郎）

い」と布団にくるまりながら、「ウガンダ人の友人から借りたＤＶＤで、故郷の陽気な音楽を聴くことが唯一の楽しみ」と顔をほころばせる。

「ナイル川で泳いだり、岸辺でコンサートをしたりしたこともあった。自然がたくさんあって、暖かいし、物価も安いし、生活するにはすごく楽しいところ」。音楽のリズムに合わせて軽く体を揺らしながら、ウガンダの思い出を話し出すと、止まらない。「この歌手は大学時代の友だちだったんだ。今も頑張ってるのかな」。パソコンの画面に映し出されたウガンダの風景や友人の姿に目を細めた。

しかし、言葉が途切れた瞬間、顔から笑みが消えた。「もしウガンダの政情が好転して、帰れるようになったら……」。しばらく遠くを見てから、照れくさそうに早口で言った。「母に会いたい」

（岩橋拓郎）

認定されても仕事なく
生活保護に頼る元記者――ジョゼフ・ボンゴ（仮名、アフリカ）

アフリカ出身で40代のジョゼフ・ボンゴ（仮名）は２００８年、日本で難民と認定された。「常に監獄に入っているような気持ちだったから、やっと自由を感じた」。しかし、数少ない難民認定者になっても、生活の展望は開けない。

母国では新聞記者。政府の人権侵害を告発する記事を書いた。軍に自宅を急襲され、国内を逃げ回った。当時、ジャーナリストが次々と逮捕され拷問に遭い、なかには殺された人もいる。「安全な所へ行きたい」。パスポートを偽造し、英国へ脱出しようとしたが、渡航手続が進まない。07年、先にビザが出た日本へ渡った。

▼言葉の壁

成田空港に着いた途端、不法入国容疑で身柄を拘束された。「難民申請しに来た。母国政府に追われているから、本名ではパスポートを取れない」。そう説明しても、入管の係官は聞き入れてくれなかった。約10カ月、収容された。

ストレスで体重が激減し、胃腸を壊した。「日本なら保護してもらえると思っていたのに。最悪の経験で、トラウマ（精神的外傷）になった」。いったん不認定とされたものの、異議を申し立て、仮放免後にようやく法相から難民認定された。

認定者に対しては、東京のアジア福祉教育財団難民事業本部（ＲＨＱ）が外務省などの委託で、原則6カ月間の日本語教育や生活案内を無償提供している。だが、ボンゴは入所時期が合わず、東京で市民団体主催の日本語教室に通いながら、職を探した。

折からの金融危機で求人は少なく、言葉の壁もあって、仕事は見つからない。「認定されたら働けるというので、ハローワークに何度も行っている。でも、日本人もたくさん失業していて、僕らにまで仕事が回ってこない」。生活保護に頼る状態がずっと続いている。

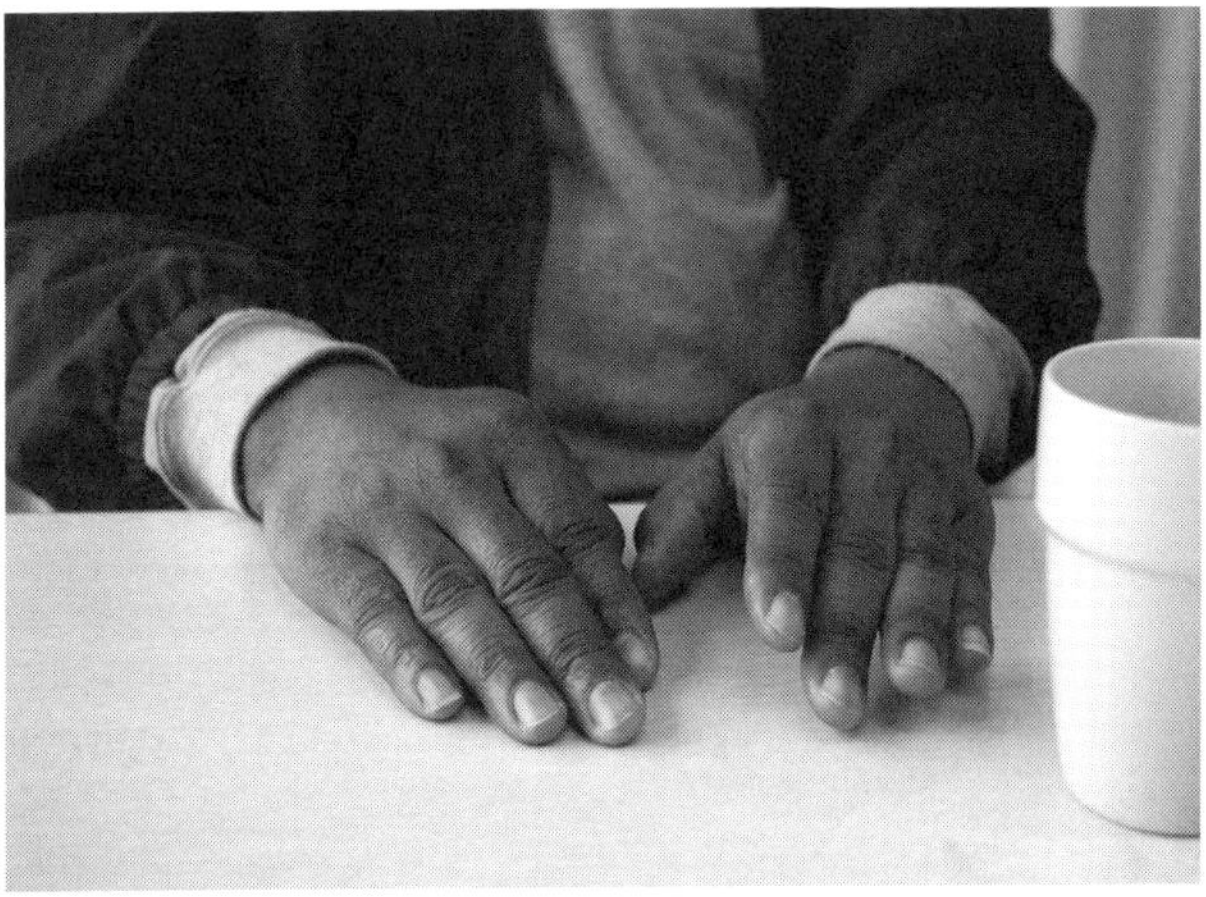

「難民申請した最初の段階から、日本語の教育を受けられるようにしてほしい」と話すジョゼフ・ボンゴ。家族が迫害されることを恐れ、出身国名も報道しないよう求めた＝東京・四谷の難民支援協会（原真）

▼家族一緒に

日本には知人はほとんどおらず、アパートの自室にこもりがちだ。地元のボランティアの人たちと近所に出かけたり、花火を見に行ったりするのが、ささやかな楽しみ。「それ以外は、家で日本語の勉強をしたり、本を読んだりしている」

心配なのは、母国に残した家族。妻は逮捕されたこともある。日本に呼び寄せたいが、パスポートや必要書類の取得が難しいうえ、航空券を用意する経済的余裕もない。「望むのは、普通に暮らすことだけ。

難民の家族が一緒になれるよう、日本政府も手助けしてほしい」と訴える。

▼不十分な政府の支援

ボンゴのように、母国で活躍していながら、日本では能力を十分に発揮できていない難民は多い。インドシナ難民の定住を促進してきたRHQは03年、条約難民（難民認定者）の支援も始めたが、語学教育中心の半年間のプログラムが終わると、政府による支援策はほとんどない。失望して、難民へのサポートが手厚い欧米諸国に移住する認定者もいる。

ボンゴを支えてきた東京のNPO法人・難民支援協会の鹿島美穂子は「難民認定されると、生活保護などのセーフティーネットの対象にはなるものの、なかなか自立できない。まして、自己実現にはつながっていない」と指摘。早期の集中的な日本語教育や、専門的な就労支援が必要だと強調する。

同協会は自ら、難民に伝統的な編み物のアクセサリーを作ってもらって販売したり、起業する難民に資金を貸し出す金融機関を設立したりして、難民の自立を手助けしている。「今のままでは、難民自身があきらめてしまう。サクセスストーリーが生まれれば、目標になるはずです」。鹿島らの活動は広がるばかりだ。

（原真）

在特が出ても家族を呼べず

在留資格「定住者」と「特定活動」で格差——マウン・マウン（仮名、ミャンマー）

「お父さんと一緒に住みたい」。そう言って涙を流した長女（11）のことを思うと、胸がいっぱいになる。ミャンマー（旧ビルマ）の民主化活動家マウン・マウン（49）は難民申請が認められず、在留特別許可（在特）で当初与えられたのは、妻子の呼寄せが困難な在留資格だった。家族一緒の暮らしを12年間、待ち続けている。

1988年の民主化デモに参加。船の通信士だった98年、乗っていた貨物船が偶然、千葉に寄港した。日本なら自由に政治活動ができると考え、そのままとどまった。

結婚して、わずか9カ月後の決断だった。民主化のための活動が忙しく、寂しさを感じることもなかった。だが翌年、祖国に残した妻が長女を出産してから、心境が一変する。2006年に在特で「特定活動」の在留資格を得ると、皿洗いのアルバイトで航空券代をためて、迫害される恐れのないシンガポールで娘と対面を果たした。

自分を見つめる幼いわが子。ぐっと抱き締めた。「家族のことが一番大事」。いつか必ず、日本に招くと心に決めた。

▼将来に不安

難民と認定されなかったが、人道的配慮から在特が出る場合、以前は難民認定者と同じ「定住者」の在留

「特定活動」から「定住者」への在留資格変更を集団申請、記者会見するミャンマー人ら（手前）＝東京・霞が関（原真）

資格になるのが一般的だった。家族の呼寄せが比較的容易で、生活保護も受給できる、より安定した在留資格だ。ところが法務省は05年以降、在特を受ける人が在日10年以内なら「定住者」ではなく、「母国で生じた特別な事情により当分の間、本邦に在留する者」向けの「特定活動」に切り替えた。認定と在特という違いに加え、同じ在特の中でも格差が生まれてしまった。

法務省は「特定活動は、難民申請した人にふさわしい在留資格」（難民認定室）と説明する。しかし、在日ビルマ人難民申請弁護団の近藤博徳は「母国の状況の変化によっては、帰国させられる恐れがある。難民らが将来に不安を感じ、大きなストレスになっている」と批判する。実際、09年には、家族を呼び寄せられないことを悲観した男性が自殺した。

▼大仏へ

難民不認定でも人道的配慮で在特になるケースは、08年以降に激増。09年は５０１人に達し、９割がミャンマー国籍だった。背景には、軍による日本人ジャーナリスト射殺事件まで起きたミャンマーの政治情勢の悪化とともに、対象者を一生、受け入れなければならない難民認定を避けつつ、人権擁護に積極的な姿勢をアピールしたい日本政府の思惑があるとみられている。

05～09年に在特で「特定活動」とされたミャンマー人は、弁護団が把握しているだけで71人。うち37人が09年、「定住者」への在留資格変更を集団で申請した。マウンも記者会見で「妻子の呼寄せを求めたが、却下された。娘と会えず、とても悲しい」と窮状を訴えた。

10年6月、マウンは「定住者」への資格変更がようやく認められ、あらためて家族呼寄せの手続をとっている。日本語の勉強を始めた長女は、瞬く間に上手になったという。「家族が来たら、鎌倉の大仏へ連れていきたい」。毎年のように娘の誕生日に参拝し、「家族と一緒に住めますように」と祈り続けてきた、その場所だ。

（若松亮太）

孤立して薬物や窃盗に走る

服役繰り返すインドシナ難民――グエン・バン・ダイ（仮名、ベトナム）

部屋には異臭が充満していた。畳の上に生ゴミや、向精神薬のカプセルが散らばる。至る所、ゴキブリがはい回り、指に上ってくる。

違法薬物使用や窃盗を重ねたベトナム難民グエン・バン・ダイ（49）が、一人で暮らす大阪府内のアパート。清潔に保つ気力もなく、病院で月に1回もらう薬で、心の安定を保っている。

錠剤が散乱する自室の畳に座り込むグエン・バン・ダイ＝大阪府内（若松亮太）

▼出産費用に困り

１９８９年にベトナムを出国。たどり着いた香港の難民キャンプで、友人に勧められ麻薬を覚えた。たばこに加え、水で少し湿らせて、ゆっくりゆっくり吸う。「気持ち良くて、頭の中が空を飛ぶようだった」

95年に妻子と来日。近隣国に脱出してから別の国へ移住する「難民第三国定住」の形だった。アジア福祉教育財団難民事業本部（ＲＨＱ）で日本語教育などを受けた後、千葉県の田舎に移り住んだ。近所に頼れる同胞もおらず、妻の出産費用約20万円が重くのしかかる。スーパーで米やおかずをカートに入れたまま、外に出た。「持っているお金は少しだけ。悪いと思ったけど」。初めての窃盗だった。

その後、離婚し、友人宅で薬物を使って逮捕され、服役した。出所後も、洋酒や化粧品を盗んで生計を立てた。再び捕まって刑務所へ。在留資格を失い、大阪府茨木市の西日本入国管理センターに収容された。

▼受入れ拒否

政府が不法滞在の取締りを強めたこともあり、２００２年から05年にかけて、同センターに入れられたベトナム難民は30余人に上る。強制送還に向けた収容だったが、ベトナム当局は受入れを拒否。収容は最長2年を超え、入所者が仮放免などを求めてハンガーストライキに踏み切り、問題化した。結局、グエンらは在留特別許可（在特）を得た。

市民団体「すべての外国人労働者とその家族の人権を守る関西ネットワーク（ＲＩＮＫ）」の草加道常は「インドシナ難民のなかには、孤立して貧困に陥り、犯罪に走る人もいる。コミュニティーをつくって助け合う仕組みが必要だ」と指摘する。

▼難民第三国定住

日本は10年9月、タイの難民キャンプで暮らしてきたミャンマーの少数民族カレン人を3年間で計約90人受け入れる難民第三国定住を試験的に始めた。本国への自主的帰還、避難先の国での定着と並ぶ難民問題の解決策として、国連難民高等弁務官事務所（ＵＮＨＣＲ）が推奨する難民第三国定住に、アジアの国として初めて単独で自発的に取り組むケースとなる。

外務省人権人道課長の志野光子は「難民キャンプで一生を終える人もいる。なんとかしなければ。日本も国際的な責任を果たしたい」と説明。ＵＮＨＣＲ駐日事務所代表のヨハン・セルスは「（閉鎖的と批判されてきた）日本の難民政策の根本的な変化だ」と評価する。

しかし、ＲＨＱによる半年間の語学教育など、インドシナ難民と同様の定住支援策は不十分と指摘されている。インドシナ難民は日本語能力の不足から、低賃金の仕事にしか就けず、現在も厳しい生活を送る人が多い。専門家は「語学教育を中心に、最低でも1～2年の支援が必要」と口をそろえる。
今、グエンの部屋を訪ねる人はまれだ。「薬とか窃盗とか、怖いから友だちいない」。犯罪につながりかねない人間関係を避けるように過ごす。月10万円余りの生活保護費は、大半が暇つぶしのパチンコ代に消える。「寂しい。僕、ここに一人だけ」

（若松亮太、原真）

よう」。家族の歴史や自分の半生を描いた曲「オレの歌」ができた。

歌う前、ラップ仲間の先輩に告白した。「オレ、名前、ナムって言うねん。ベトナム人やねん」。先輩は「じゃあ、MCナムでいいやん。かっこいいやん。おれの嫁も韓国人や」と言ってくれた。MCナムは思い切って歌った。

「逃げ回ってばかり／ベトナム人を隠し／ある日気付かされた／オレはナムなんだと全身」

気持ちが、すっとした。

「みんなの度肝を抜く歌を作りたい」。DJを務めるラジオ番組の収録スタジオで、快活に話すナム＝神戸市長田区の「たかとりコミュニティセンター」(有吉叔裕)

▼実力で勝負

そこから人生が変わった。「ベトナム人なのに、言葉を覚えていないのは大変だと思って」と、2006年から半年間、ホーチミンのいとこの家に泊まり込み、大学でベトナム語を勉強した。滞在中、「オレの歌」のベトナム語バージョンを作って、街頭で歌ってみると、評判になった。

歌詞の1番は「オレはベトナム人だ／日本人じゃないぞ、ベトナム人だ」。2番は「オレは翔だ／ベトナム人じゃないぞ、日本人だ」。

今、米国留学を考えている。「いろいろな人の話を吸収して、人間の奥底を見つけたい」。音楽家としての自立を目指す。仕事をやりながらだと、「グチャグチャになる」からと、定職には就いていない。

近年、外国につながりのあるアーティストが台頭している。「ミックスルーツ」と称して、合同ライブを開くこともある。MCナムのほか、ガーナや米国にルーツを持つ「Ｇｅｎｅｚ（ジーンズ）」、日系ブラジル人と日本人の「ＴＥＮＳＡＩＳ ＭＣ'Ｓ（テンサイズ・エムシーズ）」などが人気を集める。

それでも、音楽で生きていくのはやさしいことではない。ナムの小さいころからの知り合いで、ラジオのＤＪをするように勧めたＦＭわぃわぃの多言語番組プロデューサー・吉富志津代は「初めは難民だからと注目を集めるけど、実力で勝負できるまで粘ってほしい」と応援する。

ナムも自覚している。「難民というより、一人の人間として見られたい」。だから「オレの歌」の最後は、こう結んだ。「オレはオレのことをオレの歌で証明」

（若松亮太）

2つの世界を泳げる人に

同胞を支援する母娘——松原マリナ、ルマ（ブラジル）

この白い粉は砂糖なの、塩なの？　来日したばかりのころ、松原マリナ（57）はスーパーでいつも困惑した。

両親が日本生まれで、日本人の顔と名字を持つ日系ブラジル人2世だが、日本語が読めない。行き先などがローマ字で書かれている電車には乗れても、漢字だらけのバスは無理。自宅の隣が歯科医院だと知ったのは、1988年に日本に引っ越してきてから何年も後のことだった。

「娘や同胞に、こんな経験はさせたくない」。とはいえ、日本語ができるようになっても、母国の文化やポルトガル語を忘れられても困る。2001年、NPO法人「関西ブラジル人コミュニティ（CBK）」を神戸市に設立。ブラジル人の児童向けポルトガル語教室や大人が対象の日本語教室を始めた。

マリナは、同じ日系2世でサッカーコーチの夫ネルソン（59）、娘3人と日本に来た。夫の所属チームがあった札幌市や岡山県倉敷市には当時、外国人はあまりおらず、辞書を片手に独力で漢字を覚えた。夫が神戸に移籍後、子育てに手がかからなくなっていたこともあり、工場開設で急にブラジル人児童が増えた小学校でボランティアを開始。日本語がわからない子のために授業を通訳し、父母や教師の相談に乗った。「私は親から日本のことを教えてもらった。子どもたちにはブラジルのことを教えたい」。CBKではカーニバルなどのイベントも頻繁に行う。

▼レモン

「自分は日本人なのかブラジル人なのか、ずっと悩んでいた」。マリナの三女ルマ（20）は生まれた直後に来日し、ずっと日本で育った。ブラジルに行ったのは、幼いころの里帰りの時だけ。両親が家庭で話すポルトガル語は、意味はわかるものの、自分ではうまくしゃべれない。2人の姉はブラジル生まれであることを理由に学校でいじめを受けたこともあったが、ルマにはそういう経験がない。

友だちと何が違うのか。悩んでいた中学2年の時、手伝っていたCBKの活動の一環として、一人で撮った映像作品「レモン」が、東京ビデオフェスティバルで賞に輝いた。外見は黄色人種。日本の教育を受け、いわば中身も黄色。でも、国籍はブラジル——。そんな自身について、周囲に意見を聞き、撮影を重ねるうちに、葛藤がほぐれていった。「どっちにしても家族と一緒。国籍なんて紙切れ1枚です。悩んだ末に、ブラジルは強みになった」

ブラジルや米国のように、多民族が入り交じった国では、肌の色に関係なく、みな自分は「ブラジル人」「米国人」だと思っている。「ルーツを考えることは大事だけど、そこにこだわる必要はない。日本とブラジルの両方を生かしていけばいい」。姉2人も同じ思いで、それぞれブラジルと日本で働いている。

▼家族と晩ご飯

ルマ自身、国籍はブラジルのまま、一生変えるつもりはない。公立高校からの推薦で慶応大に入り、選んだ第2外国語は韓国語。「韓国映画が好きだったから」だ。アルバイト先は焼き鳥屋。正月には初詣にも行く。普通の日本人と何も変わらない生活だ。

ただ、家族との距離は日本人よりずっと近いと感じている。友だちとの約束より、家族で晩ご飯を食べることを優先する。両親への記念日のプレゼントは今も欠かさない。「クリスマスは一家そろって」が当たり前。父の影響で、大学でのサークル活動はフットサル。10年のサッカー・ワールドカップ南アフリカ大会では、もちろんブラジルを応援した。でも、ブラジル戦を除けば、日本代表の熱狂的サポーターで、国内で行われる日本戦は、青いユニホームを着てスタジアムに応援に行くことも多い。

広告業界で映像を作るのが卒業後の夢だ。国籍差別に不安はないのか。「ブラジル人だからといって就職させないような会社は、こっちからお断り」と言い切る。

▼日本人も支える

ＣＢＫは、牛肉や豆を多用するブラジル料理の教室などを日本人向けに開いているほか、イベントには近隣住民らできるだけ多くの日本人を呼ぶ。ボランティアも半数は日本人だ。副理事長を務める東連寺八郎はブラジル在住経験がある日本人で、ブラジル人には手が回らない役所の手続などを担当している。「日系人が自ら作った画期的な自助組織。日本人として支えるのが務めだ」と東連寺は話す。

日本からブラジルへ渡った移民の絵の前で話す松原マリナ＝神戸市立海外移住と文化の交流センター（萩原達也）

法務省によると、在日ブラジル人は09年末で約27万人。在外ブラジル人社会としては、米国の１５０万人、隣国パラグアイの35万人に次ぎ、世界3番目の規模だ。日本の不況やブラジルの経済成長で帰国する人も最近は相次ぐが、日本で生まれて日本語しかできない子どもが増え、一家での定住化が進んでいる。

▼壁に穴

「日系人社会の中に固まって生き

ている人が多すぎる」。マリナとルマは口をそろえる。勤務先では同胞の上司や同僚と働き、日系人が多い地域の自治体やハローワークではポルトガル語やスペイン語を話せる担当者と向き合う。日本語をまったく使わずに生活することも可能だ。いじめ、犯罪、住民間のトラブル……。日本人とブラジル人の間に「壁」があるから問題が生じる」とルマ。マリナも「日本の行政は過保護かもしれない」と話す。ルマのような子を、マリナは「泳げる人」と表現する。「飛び込めば、陸と水の2つの世界を知ることができる」。なのに、日本人との接触を避けるブラジル人は多く、ブラジル人を毛嫌いする日本人も少なくない。

「壁に穴を開けるには、自分から動くしかない」とマリナ。ルマの思いも同じだ。「固まって生きている人たち同士の間に立って、橋渡しの役割を果たしていきたい」

（遠藤幹宜）

日本企業本社の経営幹部候補

日本に留学して就職――何書勉（中国）

東京都品川区の楽天本社。机を並べる技術者に、完璧な日本語で指示を出す。何書勉《ホーシューメン》（32）は、「世界一のインターネットサービス企業」を目指す同社で、将来を嘱望されるエリートだ。

中国・上海生まれ。祖父は日中戦争前に東京大で博士号を取った医者で、父はエンジニア、母は古代中国語の研究者という知識層の家庭に育った。英語を学ぼうと、南京にある外国語専門の中高一貫校に進む。

配属されたのは日本語クラスだったが、日本人教員の丁寧な指導で興味を持ち、1997年、京都市の同志社大に留学した。

しかし、「入った瞬間、違うと思った」。勉強するために来日したのに、まわりの学生はサークル活動やアルバイトばかり。キャンパスと寮を行き来するだけで、ひたすら勉学に励む中国の大学生活とはかけ離れていた。京都大に入り直してデータベースを研究、大学院で博士号を取得した。仕送りは一切なく、奨学金などで賄った。

▼採用の3割

研究成果を生かせる職を探し、役員面接で「いっぱいチャンスをあげる」と言われた楽天に2007年、入社した。ネット上のショッピングモールを中国でも設立するため、システム開発の責任者に。執行役員にも抜擢され、中国とインドでの新卒採用も担当している。「中国事業は立ち上げたばかりで、使命感を持ってやっている。サイトがどんどん大きくなるのがうれしい」と明るく笑う。

入社当初は、いずれ退職してベンチャー企業を興すつもりだった。「でも、実際に仕事をしてみて、リソース(資源)と顧客、コネがそろわなければ、起業はできないとわかった」。楽天の中国法人の幹部として、両親がいる故郷に帰れたら「理想的」だ。

楽天は11年度、新入社員の3割に当たる150人程度の外国人を採用予定で、12年度までに社内の公用語を英語にするなど、国際化を急速に進める。すでに中国、インドをはじめ、韓国、米国、ルーマニアなど、各国から人材が集まっている。採用担当の取締役・大西芳明は「成長する海外市場を相手にするには、国際的に戦える人材をそろえなければ。言葉ができることより、仕事ができることを重視している」と話す。

さまざまな国籍の同僚に仕事を指示する何書勉＝東京・東品川の楽天本社（萩原達也）

「一般に、外国人社員は大学でしっかり勉強しており、基礎知識がある。発展途上国の貧しい家庭で育った人もいて、ハングリー精神がすごい」

▼新しい発想

楽天だけではない。家電のパナソニック、衣料チェーン「ユニクロ」のファーストリテイリング、コンビニのローソン……。多様な業種で、ビジネスの海外展開に伴い、アジアからの留学生を中心に、外国人を採用する会社が増えている。中小企業も例外ではない。かつてのように外国の支社や現地法人に配属するだけでなく、日本にある本社の経営幹部候補と見込む会社も目立つ。労働政策研究・研修機構（ＪＩＬＰＴ）の副統括研究員・渡辺博顕は「日本人だけでは考え方が同質的になりがちなので、新しい発想を外国人に期待している。日本の商慣行も外国のやり方もわかる人材を求めている」と指摘する。

日本政府は単純労働者は原則として受け入れていないが、専門的な知識や技術を持つ外国人には就労可能な在留資格を認めており、その数は09年、研修・技能実習生らを除き約21万人に上る。特に優れた知識、技術を有する「高度人材」は積極的に受け入れる方針で、永住資格付与などでの優遇措置も検討している。高度人材の供給源となりうる留学生も、08年の12万人を20年までに30万人に増やす計画だ。

だが、JILPTの調査では、日本企業で働く元留学生には「外国人の出世に限界がある」「会社が異文化を受け入れない」「労働時間が長く、私生活が犠牲になる」といった不満もある。先端分野では国際的な人材獲得競争が激しく、日本は待遇などの面で欧米に後れをとっている。

何は「日本人は外国のことを知らなすぎる」と言う。例えば、日本の業者は何でも完全な状態で納品する。一方、中国の業者はとりあえず品物を納入して、「トラブルがあったら徹夜で直します」という姿勢だ。「違いは必ずある。それを尊重することが大事です。そのためにも外国人を採用して身近に接しておいた方がいい」

（原真）

同じ立場の無国籍者を組織化

横浜中華街出身の研究者——陳天璽（台湾）

国立民族学博物館（大阪）准教授の陳天璽《チェンティエンシー》（39）は、横浜市の中華街で生まれ育った。両親は中国大陸出身。戦後、共産党と国民党の内戦を避けて台湾島に渡り、後に来日した。日本が1972年、共産党率いる中華人民共和国と国交を回復し、国民党政府の中華民国（台湾）と断交した時、一家は外国人登録上は「無国籍」となる。事実上の在日公館である台北駐日経済文化代表処によると、当時、中華民国のパスポートを持っていた人の多くは、母国の保護を受けられなくなると懸念し、中華人民共和国か日本の国籍を取得したが、あえて無国籍を選んだ人もいた。

▼入国拒否

陳は近所の横浜中華学院に通い、いつも同胞に囲まれていた。「物心ついたころから、自分は中国人だと思っていた」。外国人登録証などの国籍欄に無国籍と書かれていても、気にしなかった。しかし、筑波大の学生だった92年に〝事件〟が起きる。

「あなたは入国できません」。父母とフィリピンを訪問した帰り、台湾に立ち寄ろうとして、桃園空港で陳だけ止められた。台湾のパスポートを持っていたが、日本生まれで台湾に戸籍のない陳は両親と違い、事前に入国許可を得ておく必要があるというのだ。

泣く泣く一人で帰った成田空港でも、「再入国許可の期間を過ぎている。日本には入れません」と告げられる。結局、日本出国時に係官にも見落としがあったことが判明し、再入国は認められたものの、「どの国の枠にも入らない」無国籍を意識せざるをえなくなった。

▼楽になった

筑波大の大学院時代に、香港中文大へ留学。「日本でずっとマイノリティー(民族的少数派)だったから、マジョリティー(多数派)になってみたかった。のびのびできるんじゃないかと思って」。だが、現地の中国人からは「中国語の上手な日本の人」として扱われた。

転機になったのは、米ハーバード大への留学だ。無国籍だと奨学金ももらえない日本に嫌気がさし、米国で就職しようと考えた。キャンパス内外で、人種、母語、居住地など、多様な背景を持つ人々に出会った。「同じ中国人でも、いろいろ違う。国や民族で自分を規定する必要はないんだとわかった。楽になりました」

同時に、自らと向き合う必要を感じ、無国籍の研究を始めた。外国籍の親が不法滞在の発覚を恐れて出生届を出さなかった子ども、タイから日本に不法入国したベトナム難民、国籍法が父系優先主義から父母両系主義に替わった85年以前に沖縄の米兵と日本人女性の間に生まれ、父が行方不明となった「アメラジアン」……。さまざまな理由で国籍を失った人を知り、市民団体「無国籍ネットワーク」を設立。無国籍者の相談に応じたり、交流会を開いたりしている。

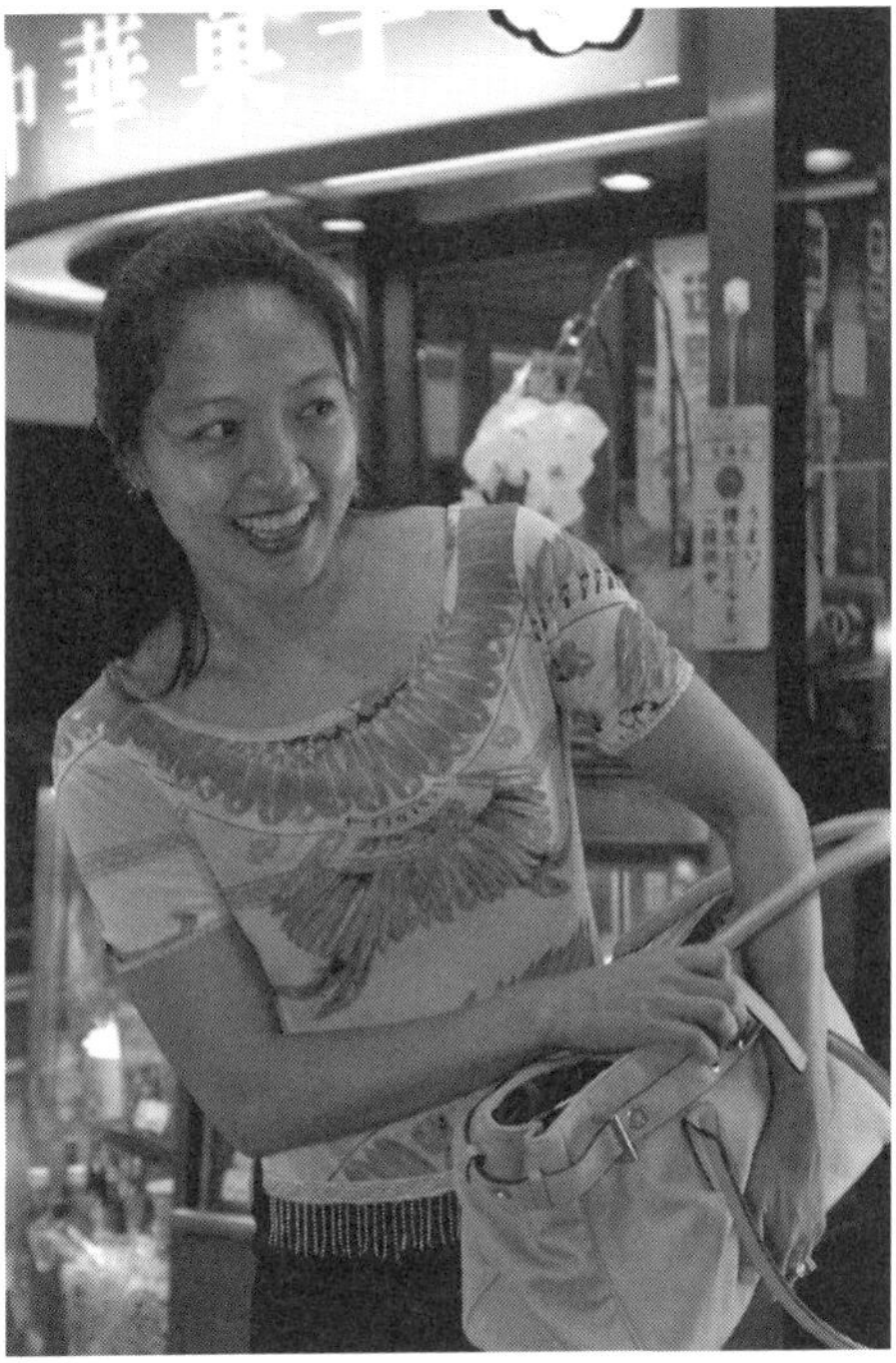

横浜中華街にある実家の中華料理店の前に立つ陳天璽＝横浜市中区（萩原達也）

▼色分け

日本の外国人登録によると、無国籍者は２００９年に約１４００人。国連難民高等弁務官事務所の推計では、世界の無国籍者は約１２００万人に上る。ソ連崩壊をはじめ、国が分裂した際に、少数民族が国籍を喪失したケースなどが多い。このほか、形式上は国籍があっても、実際にはその国民として扱われていない人もいる。国連は無国籍者の地位を改善し、無国籍に陥る人を減らす条約を作ったが、日本は加入していない。

国際人権法が専門の神奈川大教授・阿部浩己は「無国籍者は自国だと思う国に入れなかったり、国家の保護を受けられなかったりする恐れがある。無国籍を理由に社会的差別を受ける可能性もある。だが、無国籍かどうかの認定は難しく、実態は明らかになっていない」と指摘。日本政府に対し、国内の無国籍者の状況を調査するとともに、国籍がないとして強制送還先に引取りを拒否された人には在留資格を付与するよう求めている。

無国籍のままでは海外渡航のビザ取得などが面倒で、仕事に支障が出るため、陳は03年に日本国籍を取得した。帰化手続は大変だと聞いていたが、あっけないほどすぐに許可が出た。「こんな簡単なことのために、何十年も翻弄されてきたのか」。思いは複雑だ。

「自分をずっと排除してきた日本という国家の一員になるのは、抵抗があった。でも、私自身は何も変わっていない」。国籍で人を色分けする世の中を問い続ける。

（原真）

広がる排外主義に抗う

研究者や労組役員が運動――前田朗、山口素明

人種や民族を理由とした差別が、悪びれることなく、不穏な形で公然化しつつあることを知らされる事

件が、2009年に起きた。

京都市南区の京都朝鮮第一初級学校前に、「在日特権を許さない市民の会」(在特会、桜井誠会長)のメンバー約10人が拡声器を持って現れ、児童約170人がいた校内に向けて「スパイの子ども」「朝鮮人は日本から出て行け」などと騒いだのだ。学校側が「ここは学校です」と制止しても、「こんなものは学校でない」「キムチ臭いねん」などと約1時間、叫び続けた。怖がって泣きだす児童も出て、校内はパニック状態になった。

在特会側は、校門前の公園にサッカーゴールや朝礼台が置かれていたことを指摘し、「不法占拠していたことへの抗議行動」と主張。学校側が撤去に応じなかったため、朝礼台を取り除くなど「実力行使をした」とする。

しかし、学校が長年、体育などで公園を利用していることは京都市も把握していた。市は「利用ルールを作ることが必要」と学校側に要請、学校も備品を移動し、周辺住民と協議の場を持とうとしていた矢先に、事件は起きた。

「子どもたちの前で白昼堂々、差別的言動が集団で行われた」。学校や総連の関係者は大きな衝撃を受けた。

▼行動する保守

在特会の事務所は東京都心の雑居ビルの中にあった。

夜7時、駅から電話をすると、広報局長の米田隆司が、駅まで迎えにやって来た。48歳だという。「専従スタッフはいません。私も昼間は働いています」。米田はビルまでの道すがら、そう話した。小さなエレベーターのドアが開くと、米田は「足元にお気をつけください」と言い、先に降りるよう促した。狭い部屋には机といす、コンピューター、そして小さなソファがあった。

在日外国人をインターネットや街頭活動で激しく攻撃、新聞社などの言論に対しても社屋に押しかけて抗議行動を繰り返す在特会だが、メディア側が正面から取材を申し込むと、意外なほど丁寧に応対する。その印象は、この日も変わらなかった。

京都の朝鮮学校の事件では、在特会のメンバー4人が威力業務妨害などの罪で起訴された。在特会側の告発を受け、「両成敗」のような配慮があったのか、同校の前校長も、市が管理する公園に無許可でサッカーゴールなどを設置していたとの都市公園法違反の罪で、罰金10万円の略式命令を受けた。在特会は10年9月にも、徳島県教組が連合からの助成金を朝鮮学校へ寄付したことへの抗議として同教組の事務所に侵入、6人が起訴されている。

「ここも家宅捜索を受けましたよ。この狭い所に十数人の警察官が来ましたね」。米田が打ち明けた。

在特会は「市民右翼」とも呼ばれるが、自らは「行動する保守運動」と位置づけ、ネットで入会や寄付を募る。会員数は10年9月現在、全国で9700人を超え、増え続けているという。

米田は自身の「思想遍歴」について、こう語った。「昔は『左巻き』(左派)だったんですよ。中学、高校と左派の教師に教わってきましたからね。でも、なんか違うんじゃないかと思い始めたのが40歳のころ。以来、左巻きの考えからは完全に縁を切りましたね」

▼同等が「特権」

米田に問うた。そもそも彼らの団体名にある「在日外国人」とは、全外国人のことなのか。

「すべてを指すこともありますが、在日韓国・朝鮮人が中心。というのも、在日韓国・朝鮮人には『特別永住者』の法的地位が与えられ、掛け金を払ってない者にも(一部自治体から特別給付金の形で事実上の)

年金が出ている。朝鮮学校には（自治体の補助金で）税金が使われている。警察と癒着したパチンコ産業を牛耳っているのも彼らですからね」。米田はそれらを「特権」だと断じた。

日韓併合以来の歴史的経緯を持つ在日韓国・朝鮮人には、安定的な在留資格の保障や、戦後長らく国民年金に加入できなかったことへの部分的な救済措置がなされてきた。それらも不十分だと批判されているが、米田は「日本人と同じ権利を日本で求めること自体おかしい」と言い切る。在日を日本人と同等に扱うことが「特権」。歴史の中で在日が積み上げてきた権利を、すべて否定しようとしているように聞こえた。

唯一、明らかな「特権」を持つ在日外国人がいる。日米間の地位協定によって日本側の裁判権などが限定されている在日米軍に属する米国人だ。彼らは問題にしないのかと米田に問うと、「地位協定自体の改定は必要だと考えている」と述べたうえで、「問題は日本の防衛全般にかかわる。米軍に代わって十分な防衛力を持つ日本軍をつくることが必要になってくる」と言った。

▼不況下の閉塞感

東京造形大教授の前田朗（54）は京都の事件を踏まえ、10年4月に著書『ヘイトクライム——憎悪犯罪が日本を壊す』を出版した。

1938年、ドイツ各地で、ユダヤ人商店の窓ガラスが水晶のように砕かれた。この「水晶の夜事件」を引き合いに、前田は「不況下の閉塞感が人々を排外主義に向かわせているのでは」と懸念する。

前田は、日本も批准済みの人種差別撤廃条約に基づき、差別的言動など「憎悪犯罪」を取り締まる国内法整備の必要性を指摘する。ドイツやカナダなど欧米諸国では、差別を煽る言動そのものが憎悪犯罪として処罰の対象になるが、日本にはそのような法律はまだない。

世界人種差別撤廃会議で採択された「ダーバン宣言」の意義を集会で説明する前田朗＝東京・新宿区立戸塚地域センター（石山永一郎）

前田は、２００１年に南アフリカ・ダーバンでの世界人種差別撤廃会議で採択された「ダーバン宣言」の重要性を訴える。このダーバン宣言をめぐっては、過去の奴隷制や植民地支配の責任追及に加え、アラブ諸国がユダヤ人国家建設運動の「シオニズム」を人種差別と結びつけてイスラエル非難の表現を盛り込もうとしたため、米国とイスラエルが代表団を引き上げるなど紛糾した。だが、国際的な人権団体などは、人種差別撤廃に向けて国際社会の結束を確認し、「差別との闘い」を宣言した人類史的価値がある文書と高く評価している。都内の集会で、前田は「東アジア全域で、この宣言を確認、行動を起こすことが重要」と訴えた。

▼欧州の教訓

かつて、在日外国人が抱える問題は、戦前からの在日韓国・朝鮮人や、ニューカマーと呼ばれる１９８０年代以降のアジア諸国からの出稼ぎ労働者を含め、経済的にも地位的にも日本の「最底辺」をあぶり出していた。しかし、雇用情勢が悪化して若者の失業率が急上昇し、貧困や格差の問題が深刻化の一途をたどるなか、その「最底辺」に投げ込まれる日本人も増え続けている。

在日外国人の問題は、日本の貧困問題全体の中に包含されるようになり、「隣の外国人」と「隣の日本人」が抱える問題の共通性が高まっている。にもかかわらず、日本人側が抱える雇用不安や社会への不満を刃《やいば》として、共に闘うべきはずの外国人に向ける動きが広がっているように映る。

パートや派遣社員など非正規労働者を対象にした東京のフリーター全般労組執行委員の山口素明(44)のもとには、若い世代の日本人からさまざまな労働相談が寄せられる。労働組合のない会社で働き、一方的に解雇されたり、違法な罰金制度を適用されたり、「名ばかり管理職」として残業代もつかない長時間労働を強いられたりした人々だ。

フリーター全般労組では、これまで労働運動の枠外のように捉えられてきた夜の街で働く女性たちの問題にも取り組み、傘下の組織として2009年に「キャバクラ・ユニオン」も発足させている。

山口は09年、若者に呼びかけ、在特会を批判するデモや集会を開いた。「これを許してはならないと思った」と山口は言う。「彼らは旧来の右翼団体と違う。在日韓国・朝鮮人をめぐる戦前からの歴史を意図的に無視しているように見える」

不安定な雇用の中で生きる若年層が「欧州などで起きているように、差別や排斥運動に染まってほしくない」。山口は日本の厳しい雇用状況を見つめつつ、外国人と「共に生きる社会」のあり方を考え続けている。

(石山永一郎)

第7章◉共生への提言

さまざまな問題を抱える在日外国人。日本社会はどう向き合っていくべきなのか。専門家や当事者に聞く。

50年で1千万人受入れを

育成型で新しい国づくり――坂中英徳（移民政策研究所長）

――移民受入れを主張している。

「少子高齢化のため、日本の人口は2005年から減少し始めた。国の推計では、今後50年間で4千万人程度減る。経済は衰退し、年金をはじめ社会保障の負担も大変になる。特に、過疎化が進む農村部などは大打撃を受け、壊滅状態になるかもしれない。そこで、50年かけて計1千万人の移民を受け入れることを提案した。今、外国人は人口の2％弱。それを10％ぐらいにしようということだ」

「動物も純粋培養より雑種の方が生命力があるという。日本は単一民族国家の色が濃かったが、多様な民族が集まれば、新しい発想や価値観、文化が生まれ、もっと良い社会になる。国際的な競争力も増すだろう。住宅や観光など移民関連の市場が広がり、経済効果も大きい。それに、外国人が増えたら、他国との戦争は起きないはずだ」

――法務省の官僚だったころは、移民受入れに消極的で、在日韓国・朝鮮人には同化を促していたが。

「当時は人口が増加しており、人口密度が高くなっていた。前提が変わった」

「韓国・朝鮮人は日本生まれが増えたため、進んで日本国民になりたいと思えるような社会環境の整備を提案した。しかし、異なる価値観を持つ人が日本社会に入る方がプラスになると考え、多様性を強調するようになった。最近来日した人も含め、2世以降については、民族の文化を残すような措置をとらなければならない。いろんな生き方を尊重する国の方が、良い人に来てもらえる」

――移民による治安の悪化を懸念する声もある。

「育成型の移民政策を採ればよい。定員割れの続く工業高校や職業訓練校で日本語や技術を教え、就職も支援する。移民ソーシャルワーカーが生活全般の相談に応じるようにする。もちろん、日本人より低賃金で働いてくれと言うつもりはない。言葉ができるようになって、仕事があれば、犯罪に走ることはない。希望者には、来日して3年ぐらいで日本国籍を与えてもよいのではないか」

「いずれ帰国する外国人労働者は、日本語を覚えて日本人と共生しようという気にならないかもしれない。一方、本拠地を移して定住する移民は、ちゃんと処遇すれば社会に貢献する。現に、在日韓国・朝鮮人は医師やスポーツ選手などとして活躍している人が多い。1世らが死にものぐるいで働き、子どもに教育を受けさせた結果だ。中国人も留学先の日本の大学の教授になっている人がいる。重要なのは教育だろう」

「人口危機は、多民族共生国家に変わる大きなチャンスだ」と強調する坂中英徳＝東京都港区（萩原達也）

――金融危機後、日系ブラジル人らは派遣切りなどで困窮しているし、外国人研修生・技能実習生への人権侵害も後を絶たない。

「日系人に定住を認める1990年施行の入管難民法改正は、法務省で私が担当した。ブラジルが経済破綻に苦しんでいた時期でもあり、日本人の血を引く人の待遇を良くしようと考えた。日本はバブル景気で、人手不足を外国人で補おうという声もあった。バブル崩壊後、結果として、日系ブラジル人らが不法労働者に置き換わっていった。日系人は一生懸命に働き、日本の自動車産業などの生産現場を支え、母国に多額の送金をした。日系人受入れは全体的には良かったと思う。ただ、子どもの不就学などの問題が発生したのは反省材料だ」

「研修生は時給300円しかもらえなかったり、作業中にトイレに行くだけで〝罰金〟を科されたりしており、奴隷に近い。法改正で10年以降、実務研修の段階から労働者として扱われるようになったが、学ぶことと働くことを一緒にしたら搾取が起きる。研修を推進する財団法人・国際研修協力機構（JITCO）

は役人の天下り先になっている。制度自体を廃止するべきだ」

――外国人への差別は根強い。

「多数派（の日本人）と少数派（の移民）の摩擦は残るだろう。日本人も覚悟を決め、多文化共生に向けて変わらなければならない。幼いころから、異なる民族との付き合い方を教え込む必要がある。日本人はもともと無宗教で何でも受け入れるし、もてなしの精神もあり、うまくいくのではないか」

――移民受入れ論は与党時代の自民党の政策提言にも取り入れられたが、民主党政権でどうやって実現するか。

「日本にとっては明治維新以来の大転換で、新しい国づくりみたいなものだ。移民法や移民庁の創設も含め、国家戦略室で検討してほしい。移民も日本人も、受け入れて良かったと思える国にしたい」

（原真）

さかなか・ひでのり　1945年、朝鮮生まれ。慶応大大学院修士課程修了。70年に法務省に入り、東京入国管理局長などを歴任。2005年に退職、移民政策研究所を設立。共著に『移民国家ニッポン』など。

努力に報いる制度を

求められる労働環境の底上げ――鈴木江理子（国士舘大准教授）

――外国人労働者の現状をどう見るか。

「ひとくちに外国人労働者といっても、多様だ。政府の求める『高度人材』だけが日本社会を支えているわけではない。都心の居酒屋から過疎化した農村まで、（不法残留などの）非正規滞在者を含め外国人がいないと成り立たない産業や地域がすでにある」

「専門的な知識や技能を持つ外国人は政府も積極的に受け入れようとしているが、就労先から必要とされなければ日本に住み続けることはできない。仕事を辞めて2〜3カ月ぼーっとしたいと思っても、許されない」

「その点、ブラジルやペルーから来た日系人は就労のための在留資格ではなく、日本人の子孫という身分に基づく、より安定した『日本人の配偶者等』『定住者』の資格を与えられている。しかし、大半は製造業に従事しており、景気低迷で解雇された。企業が生産量に応じて労働力を調達する仕組みにはめ込まれ、10年働いても技術が身につかない。本人だけの責任ではなく、システムを作った私たちの問題でもある」

「一方、日系人以外の『定住者』や日本人の配偶者、一般永住者らも就労ではなく身分に基づく在留資格だが、やはり働いている。零細企業に勤める、いわゆる単純労働者が多いが、問題を引き起こしてはいない。むしろ、日本社会とのつながりを深めている」

「外国人研修・技能実習制度は国際貢献を謳いながら、安価な労働力の供給源として利用されている。国際競争が厳しくなれば、労働条件はさらに悪化するかもしれない。来たい人がいるからいいとはいえない。研修制度のように、3年程度で帰国させるローテーションだと、日本語や日本社会のルールを学ぶ気持ちになれない。頑張って働いたら、日本に定住できるよう在留資格の変更を認めるなど、インセンティブ（報奨）のある制度にした方がよい」

——移民を受け入れるべきだとの提言も出ている。

「人口の減少が進む日本では、移民受入れの議論は喫緊の課題だ。合理化による生産性向上、女性や高齢者らの活用によっても、人口減を補うことはできない。右翼的な反発や雇用環境の悪化もあって、最近は沈静化しているが、今すぐ始めても遅いぐらい」

求める。

「ただ、例えば田舎に来てもらいたいと言っても、日本の若者と同じように外国人の若い世代も都会を求める。母国の経済が発展すれば、帰国するだろう。その人の人生を縛ることはできない。こちらの思う通りにはならないという前提で、制度を設計しなければ。受入れ国の都合だけでなく、移民本人が幸せかという視点が不可欠だ」

「国境を越えて生きる外国人には、いろんな不都合がある。私たちと同じように働いているだけでもすごいこと」と話す鈴木江理子＝東京都世田谷区（萩原達也）

――国際的な人材獲得競争の中で、日本は魅力に乏しいとの指摘もある。

「新興国との間にはまだ格差があり、来日したい人はいるだろう。でも、差別や偏見を取り除かないと、こちらが望む人は来てくれない。日本人の多くは少数派の外国人に関心がない。学校教育などを通じ、外国人がなぜここにいるか、どんな仕事をしているかなど、正確な知識を伝える必要がある」

「職場で労働基準法などが守られるようにしなければならない。日本人正社員の間でも、サービス残業をすることや、有給休暇が取れないことが、当たり前になってしまっている。外国人は仕事を失うのを恐れ、違法な状態でもなかなか主張できない。労働環境全体の底上げが求められる」

――外国人登録証を在留カードに切り替え、在日外国人を国が一元的に管理する改正入管難民法が2012年に完全施行される。

「改正法は、問題を起こすかもしれない外国人を厳しく監視しようとしている。だが、管理を強化するより、外国人が日本社会で排除され、犯罪に追い込まれることがないようにするべきだ」

すずき・えりこ　1965年、名古屋市生まれ。フジタ未来経営研究所などを経て、一橋大で博士号を取得し、2010年から現職。専門は外国人政策、国際人口移動。著書に『日本で働く非正規滞在者』など。

（原真）

差別許さないメッセージを

2カ国語教育の公立校も――アンジェロ・イシ（武蔵大准教授）

――1990年代から日系ブラジル人が「デカセギ」に来た背景は。

「人手不足だった日本の製造業が労働者を欲しがり、90年施行の改正入管難民法で日系人に就労の門戸が開かれた。ブラジルでは、日本は祖先の国だけでなくハイテクの国のイメージがあり、長引く不況で大学を出ても希望通りに就職できない『失われた世代』らにも魅力的に見えた」

――一時的なデカセギから定住へ変化してきた。

「日本にマイホームを持つ人が増え、もうデカセギとは呼ばれたくないと考えている。日系人は日本社会に適応できないわけじゃないし、日本社会に拒まれているわけでもない。ただ、日本に定着しつつも、母国への未練を捨てていない人が大半だ。体は日本にあるが、意識の半分は日本、半分はブラジルにある。本当の意味で居心地の良い場所を日本に確保できず、いずれは帰国したいという気持ちも持っている」

「ブラジル人の定住は、その地域でサンバが盛んになったという単純な変化以上に、日本社会を文化的に豊かにした。日本人を雇用している日系人企業もある」

――日系人に認められた「定住者」の在留資格は、原則として3世までしか適用されない。

「ブラジルの景気が良くなったため、4世以降が来日したいというニーズは強くない。ただ、すでに日本に住む3世の子らが安定して在留できるような配慮は必要だ」

――子どもの教育が問題になっている。

「子どもには日本語とポルトガル語の両方をきちんと覚えさせるべきだが、現実はどちらか一方の言葉に偏りがちだ。特に、日本語が一定レベルに達していないと、新聞を読めないなどの情報格差が生じ、決定的なハンディキャップを負う」

――どう対応するべきか。

「ブラジル人の集住地域には、教育特区などを利用して、日本人の子も含めて、日本語とポルトガル語で教える公立小中学校をつくるべきだ。米国には、英語とポルトガル語やスペイン語を併用する公立校がある。こうした学校は、多文化に理解のある人材を生み出し、地域社会の摩擦をなくす効果が期待できる」

「韓国人や中国人と同様に、いずれはブラジル人からも日本で弁護士や作家になる人が出てほしい」と語るアンジェロ・イシ＝東京都港区（萩原達也）

「金融危機後、ブラジル人の間でも『言葉がわからないと就職できない』と日本語学習熱がやや高まったが、根拠のない楽観主義で『覚えなくてもなんとかなる』と思っている人が多い。そこは変えないといけない」

――日本社会には外国人への差別意識も残る。

「『郷に入っては郷に従え』が当たり前だと思っている人々の考えを変えるのは、そう簡単ではないと痛感している。日本の若い世代の意識形成に懸けるしかないと思う。例えば、日系移民の歴史やニューカマーのことについて、日本の教科書にもっと記述があってよい」

「『外国人は招かれざる客』という考えを持つ日本人もいるが、日系人は『招かれてきた客』だということを思い出してほしい。禁煙や薬物禁止のキャンペーンと同様に、公共的なCMを通じて『差別は許されない』というメッセージを送り続けるべきだ」

あんじぇろ・いしﾠ１９６７年、ブラジル生まれの日系3世。サンパウロ大卒。90年に来日し、新潟大や東大の大学院でデカセギを研究。在日ブラジル人向けポルトガル語新聞の編集などを経て、２００７年から現職。著書に『ブラジルを知るための56章』。

（若松亮太）

なぜ日本にいるのか理解を

ありのままが認められない——金朋央（コリアＮＧＯセンター東京事務局）

——在日韓国・朝鮮人は世代交代が進む。

「旧植民地出身の『特別永住者』はどんどん減っている。高齢の1、2世が亡くなり、若い世代の結婚相手は日本人が大半で、子どもは日本国籍になる。日本国籍を取得するコリアンも多い」

「朝鮮半島にルーツを持つ在日は、日本国籍者を含め、アイデンティティーの問題を抱えている。自分がコリアンだと日本人に伝えても、見た目が変わらないこともあり、『一緒だね』と言われてしまう。ありのままを認めてもらえない。日本社会では、日本生まれの日本人か、外国生まれの外国人しか、理解されにくい」

「まず、自分たちで自分たちのことを知る必要があると考え、参加していた在日コリアン青年連合（ＫＥＹ）で、若者が朝鮮半島の歴史やハングルを学ぶ場をつくった。韓国や北朝鮮の青年とも交流している。在日自身がやらなきゃいけないことがあると思う」

――民族差別は是正されたか。

「私は3世で、直接的な差別を受けた経験はほとんどない。親の世代は日本企業に就職できなかったが、今は外国籍だからといって排除されることは少ない。しかし、現在でも、経済的に厳しい在日の家庭は多い。勤務先で名前を変えるよう求められたり、賃貸住宅への入居を拒否されたりといったことは残り、差別がないとはいえない」

――日本の外国人政策の評価は。

「当事者である外国人と日本人支援者の運動、難民条約をはじめとする国際基準の影響で、変わってきた。だが、政策の中心は政府による外国人の管理で、人権保障が不在だ。差別禁止法がないために、インターネット上には『朝鮮人は国へ帰れ』といった表現が氾濫している。ドイツなどでは、人種差別を扇動する発言は禁止されているのに」

「在日高齢者や障害者の無年金問題、従軍慰安婦や徴用工、ＢＣ級戦犯、サハリン残留者らへの戦後補償の問題も残る。高齢の当事者が生きている間に解決し、尊厳を取り戻さなければならない」

「民族教育の保障も不十分だ。地域の学校で母語も学べるのが理想だろう。朝鮮学校は高校無償化も当初は適用されないなど、無権利状態に近い」

「在日の間では、会えない家族がいるのが当たり前になっている。私の叔母は北朝鮮への帰国事業に参加したが、訪ねるのは難しい。朝鮮籍だと韓国へ行けず、墓参りもできない。日本だけの問題ではなく、南北との国家間協力で国境の壁をもっと低くして、移動の自由を認めてほしい」

「コリアンを中心とする特別永住者は、入国時の指紋採取が免除され、(外国人登録証に代わる)特別永住者証明書の常時携帯も不要になる。そうした処遇が全外国人のスタンダードになるべきだ。そのためには、特別永住者自身がもっと発言していかなければならない。在日社会の一番の問題は、寛容性がないこと。最近来日した韓国人をはじめ、ニューカマーも定住すれば、わたしたちオールドカマーと共通の課題が出てくる。一緒に新しい運動をつくっていきたい」

——在日本大韓民国民団と在日本朝鮮人総連合会をどう見るか。

「民団も総連も大きな役割を果たしてきたが、それぞれ国に直結しているだけに、対応できない問題もある。植民地支配と南北分断が在日社会に未だに影を落としている。もっと多元化し、南にも北にも主張できる組織が増えていくべきだろう」

「在日1、2世が苦労して、3世以降が日本で生活できる環境をつくってくれた」と語る金朋央＝東京都新宿区（萩原達也）

——日本社会への注文は。

「日本人は自分が海外旅行に出かけるような感覚で、外国人が日本に来ていると思いがちだ。しかし、国境を越えて暮らすのは、そんな簡単なことではない。在日外国人の大多数は、歴史的経緯や貧困、政治的迫害など理由があって、日本に来ざるをえなかったのだと思う。かつては日本人も、生活の糧を求めて中国や南米に行った。なぜ外国人が日本にいるのか、理解が進めば、『国へ帰れ』といった言葉は簡単には出なくなるだろう」

キム・プンアン　1974年、富山県生まれ。東大大学院博士課程（環境影響評価）単位取得退学。学生時代から民族運動にかかわり、KEY共同代表を務めた。2010年6月から現職で、在日関係の政策提言などに取り組む。

（原真）

難民認定の独立行政機関を

包括的な政策が必要――渡辺彰悟（全国難民弁護団連絡会議事務局長）

――日本の難民政策をどう評価するか。

「非常に遅れており、一貫した政策がない。外国人を外に追い出す出入国管理と、内に迎え入れる難民認定、その両方を法務省が担当するのは無理だ。現状では、難民認定が出入国管理に埋没してしまっている。基本的なシステムを変える必要がある」

「難民条約が採択されたのは1951年なのに、日本が加盟したのは30年後。それも、インドシナ難民の来日に押される形で、ようやく批准した。当初は、来日後60日以内に難民申請しなければならないという『60日ルール』もあり、認定される人はごくわずかだった。90年代には認定者が年に1人だけといった状態が続いた。その後、不認定処分の取消しを求める裁判が増え、国が敗訴する判決が相次ぎ、認定者が2桁になった。さらに、2002年に起きた中国・瀋陽の日本総領事館への脱北者駆込み事件をきっかけに、入管難民法が改正され、60日ルールが撤廃された。しかし、まったく不十分だ」

——09年の難民認定者は30人にとどまった。

「ビルマ（ミャンマー）の政治情勢の悪化などで、申請者は大きく増えたにもかかわらず、『難民鎖国』が続いている。しかも、数少ない認定者のほとんどはビルマ出身者。トルコの少数民族クルド人らは認定されず、明らかなダブルスタンダードだ。国際的な基準を無視した、異常な状態になっている」

——人道配慮による在留特別許可（在特）は急増している。

「在留を認めるのはよいが、難民として保護すべき人を認定せずにごまかすのは条約違反だ。許可を受けた多くはビルマ出身者で、これもダブルスタンダードと言わざるをえない。難民認定と違い、在特だと、家族の呼寄せや生活保護が認められない場合があるし、問題が起きた時に強制送還されかねない」

——不法入国などでも難民申請中は在留を認める「仮滞在」制度が05年に導入された。

「09年の仮滞在の許可率は7％。制度の体をなしていない。非正規滞在の申請者の多くは、いつ入管施設に収容されるかわからない仮放免のままで、実際にしばしば収容されている。保護すべき人を収容することは本来、あってはならない」

「申請者は大半が就労を禁止されているが、生活を保障する『保護費』は原則4カ月しか支給されず、お金がなくて公園で寝泊まりしている人もいる。諸外国のように、申請から半年程度経ったら就労を認めるべきだ。法務省は濫用を恐れているようだが、保護すべき人をどうするかをまず考えるべきで、発想が逆転している。仮に就労を認めた後で不認定になったとしても、大きな問題はない」

——不認定に対する異議の手続に05年から、第三者の「難民審査参与員」が関与するようになった。

「難民をはじめ、いろんな人が交わることで、社会は良くなっていく」と訴える渡辺彰悟＝東京都新宿区（萩原達也）

「参与員の大部分は難民の専門家ではなく、一般的な有識者。専門性が保たれておらず、異議の審査結果が積み重ねられても、どういう要件が満たされれば認定されるのかという基準が明確になってこない。また、第三者とはいえ、事務局である入国管理局が作った資料に基づいて審査しており、バイアスがかかっている。やはり、欧米諸国のように、難民認定は法務省から切り離して、独立行政機関をつくるしかない」

――難民認定後の支援も乏しい。

「日本で認定されながら、米国やニュージーランドなどへ移住した人が少なくない。とてもさびしいことだ。日本社会は窮屈で自由がなく、高等教育を受けたいと思っても保障されていないのが原因らしい。実際、認定されても、半年間の日本語研修しか支援はない。認定手続に何年もかかるから、それまでに独力で日本語を学んでいて、今さら初心者向けの研修は不要という人も多い。難民に日本でどう生きていってもらうのか、包括的に考える必要がある」

——政府は10年から、タイの難民キャンプで暮らすミャンマー出身者を受け入れる第三国定住を始めた。

「国際的な批判に応えるための措置だろうが、欧米諸国は努力して数万、数千人を受け入れている。3年間で90人では、おためごかしというか、条約加盟国としての責任を果たしているとはいえない。国際社会の理解も得られないだろう」

「半年の研修だけで日本語を覚えられるわけがない。日本社会に溶け込むには、自治体も含めたバックアップが必要。政府がどこまで準備しているのか、とても不安だ」

わたなべ・しょうご　1956年、静岡県生まれ。中央大卒。90年に弁護士登録。難民をはじめ在日外国人の人権問題に取り組み、日本生まれのフィリピン人、カルデロンのり子の両親が強制送還された事件でも一家の代理人を務める。共著に『日本における難民訴訟の発展と現在』など。

（原真）

高校に進学できる指導を

非漢字圏の子の状況深刻——王慧槿（多文化共生センター東京代表）

——外国にルーツのある子どもの現状は。

「親が仕事などの都合で先に来日し、後から子どもを呼び寄せるケースが、中国出身者を中心に増えている。日本の教育を学齢の途中から受けることになるため、日本語も教科の勉強もわからない子が多い。

学校が十分に対応しきれず、地域の日本語教室や多文化共生センター東京にも多くの子どもが押し寄せている」

「特に、非漢字圏の東南アジアや南米から来た子どもの状況が深刻。東京都立高校の合格者数が漢字圏出身者の約20分の1という調査結果もあり、実際の人口に比べあまりに少ない。高校に進学できないのが最大の問題だ」

――何が障害になっているのか。

「全国でも最も多国籍化が進んだ場所の一つが東京だが、都立高校の入試結果を比較してみると、英語は漢字圏、非漢字圏出身者ともに日本人の平均得点をやや上回っている。だが、数学は非漢字圏の子がとても弱く、国語は漢字圏、非漢字圏とも日本人を大きく下回る傾向が見られる。やはり、日本語の難しさが要因だ」

「外国から来て、英語と数学が比較的できる子どもは、英語・数学・国語の3教科入試だと取り組みやすい。でも、最近は合格者のレベルアップを図るために、入試科目を5教科に増やす高校があり、子どもの選択の幅を狭めている。これではとても、高校に合格するという夢を実現できない。一方、外国人枠を作り、教科の入試をしないで、英語と日本語の作文だけを課す高校も出てきているが、英語と数学が強みの子どもにとっては逆に合格が難しくなる面もある」

――人間関係はどうか。

「クラス内で子ども同士の付き合いができていないケースが目立つ。共通の話題がないため、互いに興味を持てないという面もある。とりわけ日本人の子が外国や外国人にあまり興味を持たなくなってきた」

――学校で改善すべき点は。

「来日まもない子に日本の学校が実施している適応指導は、時間も質も不十分。子どもが日本語の読み書きができるようになるまで教え込むという意識が希薄だと思う。適応指導の成果をきちんと検証するべきだ。成績が向上し、進学できるという、結果が見える形にする改革が求められている。（教育委員会など）行政の側がもっと現場の話を聞き、外国の子どもについて理解を深めなければならない」

「言葉の問題から、外国人の保護者には学校のことがわかりづらい。通訳付きのガイダンスを開いたり、一緒にＰＴＡ活動をしたりする努力が必要だ」

「多様な文化を持つ人々を受け入れた方が、世の中が活性化する」と話す王慧槿＝東京都杉並区（萩原達也）

――子どもの将来は。

「外国にルーツのある子どもの多くは、日本と母国の懸け橋になりたいという夢を描いている。うまくいけば、バイリンガル、トリリンガルといった、多言語ができる、日本にとっても必要な人材になるはずだ。子どもにとってもハッピーだし、国や企業にとってもハッピーだ。しかし、子どもの得意なものを生かさないのが今の日本。企業も外国人留学生には目を向けているが、在日外国人の子どもに対してはまだまだだ」

「高校以上に進学できないと、夢も実現できない。中学卒業のままでは、正社員になるのはほぼ無理だ。深夜にアルバイトをしたり、引きこもりになったりする子もいる。中学を卒業して初めの何年間かは、アルバイトで得たお金が多額だと感じるので、本人は深く悩まないが、問題はその後だ。いったん勉強から離れてしまうと、やり直しは難しい。高校卒業程度認定試験に合格しても、お金がなくて大学に行けない子もいる。対策を怠れば、新たな貧困層になる」

――どんな対策が必要か。

「入国直後は実年齢よりかなり下の学年で学ばせ、できるようになったら上の学年に飛び級させている国もある。学校がそうした柔軟な対応のできる、子ども本位の場所になれば、日本の子どもにも良い結果をもたらすはずだ」

ワン・フイチン　１９４９年、韓国生まれ、日本育ちの中国籍。都立高校教諭を経て、２００１年に多文化共生センター東京の前身の団体を設立。05年、日本語を母語としない子や、15歳を過ぎて来日した子が、高校進学を目指して学ぶ「たぶんかフリースクール」を開く。中国、フィリピン、ベトナム、ネパール、タイなどから来た約70人が学んでいる。

（若松亮太）

将来は単純労働者も必要に

国民に選択肢示したい——黒岩宇洋（法務政務官）

——外国人の受入れをどうするか。

「日本の入管行政は、先進国中もっとも冷たいといわれるほど厳しかった。それを改善する方向でやっていくつもりだ」

「外国人受入れというと、治安などを心配する人もいるが、日本は人口減少社会に入った。経済成長しなくても、外国人を受け入れない国でいくのか。懸念があるかもしれないが、外国人を受け入れ、成長していくのか。国民に選択肢を示し、意見を聞きたい」

「省内に、外部の人も含めて、検討する場をつくらなくてはいけない。もちろん、法務省だけで対応できる問題ではないから、少しずつ広げていかなければ」

「ある程度、開かれた国というのは、菅（直人）政権も新成長戦略で（高度外国人材の倍増を目指すなどと）謳っている」

——鍵になるのは単純労働者の扱いだ。

「この不景気の状況では、日本人の雇用が奪われるようなことには慎重にならざるをえない。だが、人口減少のトレンドは50年は変わらないから、中長期的には、日本人が担わない労働について、ある程度の開放は必要になってくると思う」

「景気が良かった20年ほど前は中東からの人があふれ、景気が悪くなると締め出す。そんなご都合主義

「移民というと、すぐに右か左かとかイデオロギーのような話になるが、理性的に日本のあり方を考えなければ」と言う黒岩宇洋＝東京都千代田区（有吉叔裕）

が21世紀の国際社会で許されるはずもない」

――法務省は２０１０年に策定した第4次出入国管理基本計画で、日系人の受入れ制度の見直しに言及した。

「省内で検討している。日本語能力を入国の要件にするなど、入口のハードルを上げるという話もあるが、考え方が逆。しかし、ハードルを低くして、たくさん来日したら、雇用にありつけない。難しい」

――外国人研修・技能実習では法令違反が多い。

「大きな矛盾をはらんだ制度であることは否めない。わが国がどのくらい外国人を受け入れるのかという総論の中で、制度そのものを考えなければならない。ただ、中小企業は喜んでいるところもあり、この制度で来たいという外国人もいる。直ちに廃止というわけにはいかない」

――経済連携協定（ＥＰＡ）によるインドネシア、フィリピンからの看護師・介護福祉士候補者の受入れが始まったが、国家試験でほとんど不合格になっている。

「看護師・介護士は不足しているのに、せっかくＥＰＡを結んでも、日本語の難しい試験を1回ぐらいしか受けられない。閉鎖性を国際的に非難されても仕方がない。法務省としても、受験機会を増やせるよう、在留期間（の延長）なども考えていかないといけない」

――まじめに働いてきた不法滞在者には、ある時点で在留を認めるアムネスティー（恩赦）を行うべきだとの声もある。

「在留を特別に許可すべき事情がある場合は許可している。それを広げることで、一歩ずつ階段を上っていく」

――民主党は09年の衆院選に向けた政策集に、法務省から独立した「難民認定委員会」の創設を謳った。

「（強制送還などの）処分を行う機関と（難民を）保護する機関の切り分けは当然、考えるべきだ。すぐに（創設）かというと、いろんなことがあるので、中期的な課題と認識している」

「（それまでは）難民調査官を増やし、認定・不認定の処分までの期間を6カ月以内に短縮するなど、こつこつとやっていくしかない。少なくとも、『閉め出し』などと言われることがないようにしたい」

――タイにいるミャンマー難民の第三国定住を受け入れ始めたが、3年間で90人と少ない。

「私も数字を聞いた時は、桁が違うんじゃないかと思った。よほどの困難がない限り、（3年後には）一桁上げるくらいの努力はしていきたい」

――改正入管難民法が2012年までに完全施行され、新たな在留管理制度が導入されると、不法滞在者が行政サービスから排除されるなどと批判されている。

「ニューカマーが増え、転居の届出など義務を果たさない人が増加しており、外国人には若干負担になっても、在留資格取消し制度などを導入せざるをえないと報告を受けている。人道上の手抜かりがないよう、運用面などを精査したい」

——テロ対策として、一般外国人は07年から、入国時に指紋を採取されるようになり、反発もある。

「テロリストには毅然とした態度で臨む。個人識別情報の活用で入国を認めなかった例はすでに2千人を超え、抑止力として働いている。制度として活用していく」

——民主党は外国人を含め、人権侵害を救済するために、国内人権救済機関を設立し、国際人権機関への個人通報制度も導入すると公約した。

「人権救済機関は内閣府に持っていくのかなど、いろんな議論がある。（国際人権規約など）人権条約の個人通報制度に入れれば、どんどん通報が行って、日本は是正勧告を受けるだろう。それに従って全部、法改正をしていくのか。全部は対応できなくて、国際的な批判を浴びるかもしれないが、それでも腹をくくるのか。法務省と外務省で協議しているが、政府全体で取り組まないと、進まない」

くろいわ・たかひろ　1966年、新潟県生まれ。東大法学部中退。住宅産業研修財団勤務などを経て、2002年の参院新潟補選で無所属で初当選。その後、民主党に入り、07年参院選で落選。09年衆院選で新潟3区から当選。10年9月から現職。

（原真）

第8章◉解説

前章まで、日本に生きるさまざまな外国人や、彼・彼女らとかかわる日本人に密着してきた。最後に、視野を広げて、在日外国人の歴史を駆け足で振り返るとともに、現状と今後の課題を簡単に整理してみたい。

在日外国人小史

20万年ほど前、アフリカにいた女性が、すべての現代人の祖先である——。人類学の「イブ仮説」に従えば、アフリカ以外の国々の国民はみな、もとは「外国人」ということになる。最近の研究によると、日本人の起源は、石器時代からサハリンや中国大陸・朝鮮半島、琉球列島などから日本へやって来た多様な人々のようだ。稲作をはじめとする文化も、渡来人がもたらしたと考えられている。

その後、日本は時間をかけて統一国家を形成していく。現在に近い意味での外国人が多数来日するようになったのは、やはり1910年の日韓併合以降といってよいだろう。植民地支配下に置かれた朝鮮人は、自ら職を求め、あるいは徴用されて、海を渡った。だが、日本でも過酷な生活を強いられる。23年の関東大震災では、「朝鮮人が井戸に毒を入れた」などの噂が流れ、日本人自警団員らに虐殺された人も多い。戦争が終わり、日本による支配から解放されても、朝鮮半島の経済的混乱や南北分断を目の当たりにして、少なからぬ朝鮮人が帰国しなかった。50年の外国人登録者約60万人の91%は朝鮮人。戦後長い間、在日外国人といえば、ほぼ韓国・朝鮮人という時代が続く。

▼外国人化で排除

連合国軍総司令部（GHQ）は日本占領当初、日本の民主化を最重要課題としていた。最高司令官のダグラス・マッカーサーも進歩的な政策を支持し、憲法草案に「外国人も平等に法律の保護を受ける権利を有する」との条文を入れた。しかし、冷戦が激しくなると、労働組合や共産党の影響が強い在日朝鮮人を治安上の要注意集団とみなし始める。日本国憲法には結局、内外人平等は明記されなかった。GHQと日本政府は、47年に外国人登録令（現外国人登録法）、51年に出入国管理令（現入管難民法）を施行し、朝鮮人らを厳しく管理した。そして52年のサンフランシスコ講和条約発効後、朝鮮人らを名実ともに外国人として扱う。日本国籍がないことを理由に、恩給をはじめとする戦後補償や、国民年金などの社会保障から排除した。

▼運動で権利獲得

50~60年代、米国では、黒人主体の公民権運動によって、制度的な人種差別が解消されていった。日本でも、日米共同防衛を明記する安保条約改定への反対運動、大学解体を訴える学生運動などが激化した。一方、59年に北朝鮮への帰国事業が始まり、65年に植民地支配を清算する日韓条約が結ばれ、南北分断の固定化が進む。事実上、帰国を断念し、日本に定住するようになった韓国・朝鮮人は、２世を中心に日本での権利獲得運動に乗り出す。

ベトナム戦争を背景に、日本政府が69年から４回にわたり、在日外国人の政治活動禁止などを盛り込んだ出入国管理令の改正案（入管法案）を国会に上程すると、在日韓国・朝鮮人は日本人の若者らとともに強く反対、成立を阻止した。70年、愛知県の在日2世・朴鐘碩《パクチョンソク》が外国人であることを理由に日立製作所から社員採用を取り消され、提訴し勝利判決を得て、当時は異例だった大企業への入社を果たした。72年には、広島で被爆した在日2世の孫振斗《ソンジンド》が、原爆医療の外国人への適用を訴え、最高裁まで争って被爆者健康手帳を手にした。76年、在日2世の金敬得《キムキョンドク》が司法試験に合格し、司法修習生を日本国籍者に限定していた最高裁の方針を変更させ、初の外国人弁護士となった。80年、東京・新宿区役所で在日1世の韓宗碩《ハンジョンソク》が外国人登録の指紋押捺を拒否した後、同様の動きは全国に広がり、２０００年までに指紋は全廃された。日本国籍取得時に法務省の指導で日本名とされた在日2世の朴実《パクシル》らは85年に「民族名をとりもどす会」を結成し、裁判を通じて戸籍名の変更を実現した。また、外国人参政権を求める声を受けて、川崎市は96年、市長に提言する外国人市民代表者会議を設置。滋賀県米原町（現米原市）は02年、永住外国人に住民投票を認める条例を制定した。

▼条約の影響

この間、国際的な人権意識の高まりに押され、日本は79年に国際人権規約、81年に難民条約、85年に女性差別撤廃条約に加入した。これに伴い、国民年金や国民健康保険、公営住宅などから外国人を排除していた国籍条項が廃止された。78年からインドシナ難民、82年から条約難民の受入れが始まった。さらに、父系主義だった国籍法が男女両系主義に改正され、外国人男性と結婚した日本人女性の子どもにも日本国籍が与えられるようになった。

90年代以降、軍属として出征し右腕を失った石成基《ソクソンギ》、元従軍慰安婦の宋神道《ソンシンド》ら在日1世や、韓国在住の戦争被害者・遺族らによる戦後補償請求訴訟が相次いだが、企業を相手に和解した一部を除き、ほとんど敗訴に終わっている。

▼ニューカマーの台頭

80年代のバブル期には、アジアや中東諸国からの出稼ぎが急増する。在日韓国・朝鮮人らのオールドカマーに対し、ニューカマーと呼ばれる外国人の台頭である。企業の人手不足に直面した政府は、90年施行の改正入管難民法で日系人を迎え入れ、93年には外国人研修・技能実習制度を創設する。バブル崩壊後も、日本と発展途上諸国の経済格差を背景に、ニューカマーは増え続けた。80年に約78万人だった外国人登録者は90年に１０８万人、00年に１６９万人と急増。09年は、世界経済危機の影響で初めて前年の２２２万人より減ったものの、２１９万人に上る。

日系人や研修・実習生は工場などで単純作業に従事しているが、政府は、外国人の単純労働者は受け入れないとの建前を堅持。ピーク時の１９９３年に推計30万人に達した不法滞在者に対しては、強制送還後

外国人登録者数と日本の総人口に占める割合の推移

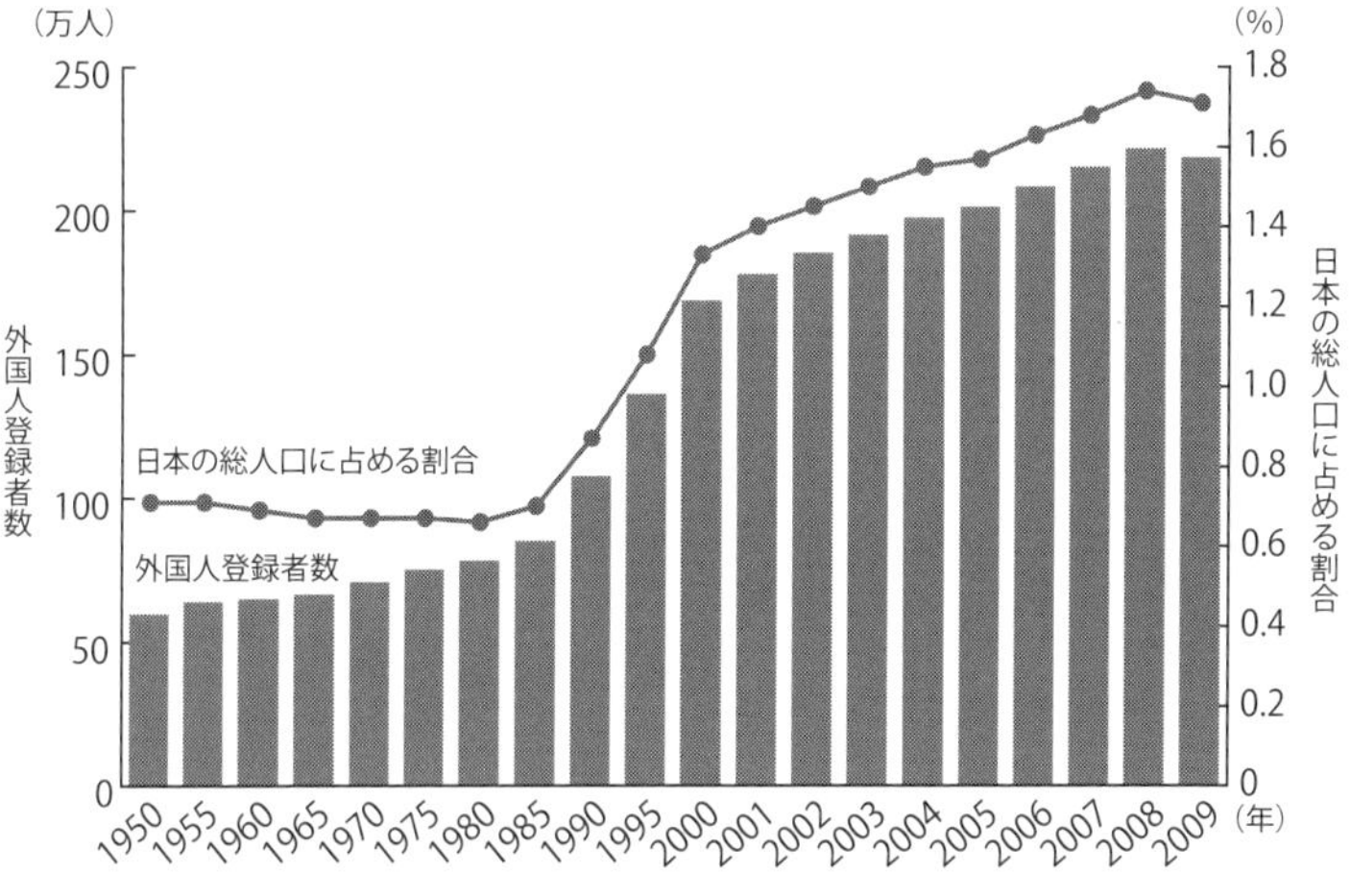

（法務省資料などから）

の再来日を拒否する期間を1年から5年、さらに10年に延長したり、不法滞在者を雇用した経営者への罰則を新設するなど、非妥協的な態度をとっている。一方、専門的知識や技術を持つ外国人は、経済界の要請もあって、入国要件緩和などにより受入れを進めている。なお、日系人については、派遣切りの相次いだ２００９年、内閣府に定住外国人施策推進室を設け、外国人住民の多い自治体でつくる外国人集住都市会議などと協力しながら、就職や教育を支援しつつある。

▼受入れ提案と排外主義

国連は00年、日本が50年まで人口を維持するか、高齢化を食い止めるには、累計約１７００万～５億２４００万人の移民が必要とのショッキングな推計を発表した。実際、少子高齢化が急激に進む日本の総人口は、予想より早く05年に減り始める。これらを受ける形で、政府や自民党、日本経団連などから、単純労働者や移民の受入れが提案されるようになった。すでに日本にいる外国人に関しても、総務省は06年、地域での多文化共生を推進する計画を策定し、国籍や民族などの異なる人が共に生きる社会を目指す姿勢を打ち出した。

他方で、日本人拉致事件や核開発疑惑を理由とした北朝鮮バッシングや、「韓流」ブームと裏腹な「マンガ嫌韓流」のベストセラー化、在特会の登場など近年、排外主義的な動きが目立つ。

▼法改正で管理強化

01年の米中枢同時テロの後、先進諸国はテロ対策として、外国人の出入国管理を厳格化している。日本も07年、入国時の指紋採取、写真撮影を導入した。さらに、09年に入管難民法などを抜本改正し、12年に完全施行して在日外国人の管理を格段に強める。

改正法によると、90日を超えて合法的に日本に滞在する外国人には、法務省が原則として、集積回路（IC）付きの身分証「在留カード」を発行し、携帯を義務づける。従来、自治体が発行していた外国人登録証は廃止する。在留カードには、同省が就労を許可しているかなどを明記。住所や勤務先を変更した場合は届出が必要で、違反すれば在留資格を取り消し、強制送還できるようになる。同時に、在留カードを持つ人は、在留期間の上限を3年から5年に延長。日本人と同じく、自治体の住民基本台帳（住民票）に登録し、行政サービスを受けやすくする。一方、不法滞在者は現在は外国人登録証を持てるが、在留カードは与えられず、就労などがより難しくなる可能性が大きい。住民票にも載らないため、行政サービスを完全に断たれ、就学や健康診断の通知対象にさえならないとみられる。

つまり、治安のため政府による外国人管理を強化し、不法滞在者をいわば「見えない存在」として日本の生活を困難にする一方で、合法滞在者は住民として遇するという、アメとムチの対応だ。ただし、合法滞在者も、在留カードの不携帯だけで20万円以下の罰金を科されるのをはじめ、多大な負担を強いられる。学校や勤務先から法務省への届出を含め、個人情報を過剰に収集される恐れもある。外国人支援者らでつくる「移住労働者と連帯する全国ネットワーク」や人権団体アムネスティ・インターナショナル日本などは法改正に強く反発している。

（原真）

在日外国人の現状と課題

２００９年の外国人登録者約２１９万人を国籍別に見ると、最も多いのは中国の68万人（31％）。２位が韓国・朝鮮で58万人（27％）、３位ブラジル27万人（12％）、４位フィリピン21万人（10％）、５位ペルー６万人（３％）と続く。

都道府県別では、東京が42万人と最多だ。以下、愛知と大阪がともに21万人、神奈川が17万人、埼玉が12万人で、やはり大都市圏が多い。

在留資格別では、「一般永住者」が53万人（24％）で、主に韓国・朝鮮籍の「特別永住者」が41万人（19％）いる。日本人と結婚した外国人やその子どもを指し、日系２世も含む「日本人の配偶者等」と、難民や日系３世の「定住者」が、それぞれ22万人（10％）。身分や地位に基づくこれら４つの在留資格だけで、全体の６割を超え

国籍別の外国人登録者

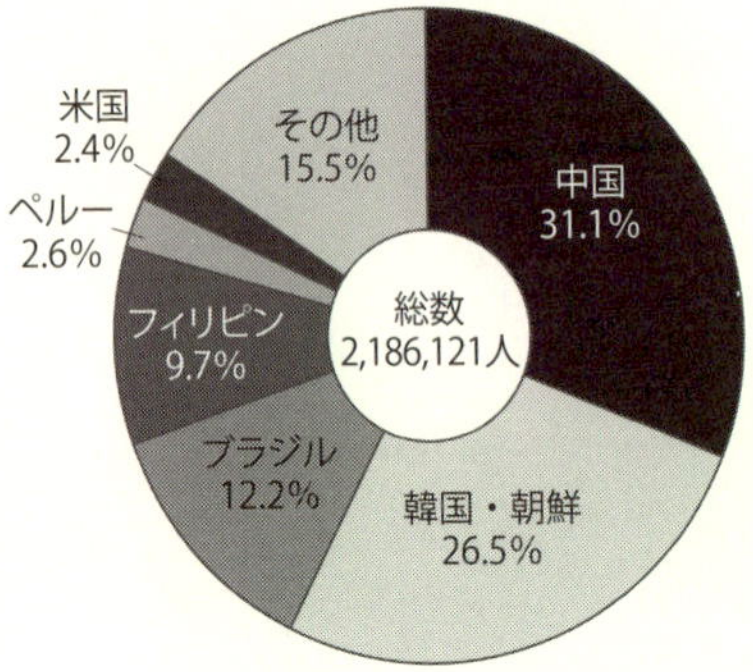

（2009年、法務省資料から）

ており、日本に定着している外国人が多いことがわかる。一方、活動に基づく在留資格のうち、「人文知識・国際業務」など、就労を前提としているのは、実習生らの「特定活動」も入れて、計34万人。ただし、永住者をはじめ、身分や地位による在留資格の人も、活動制限はないので、働くことができる。厚生労働省への外国人雇用状況の届出によると、09年の外国人労働者数は56万人に上る。

▼意識改革

在日外国人をめぐる今後の最大の問題は、単純労働者、あるいは移民を真正面から受け入れるかどうかだ。治安の悪化を心配する向きもあるが、警察庁によると、永住者らを除く「来日外国人」の刑法犯は長期的には増加傾向だったものの、ここ数年はむしろ減少している。少子高齢化する日本が活力を保つには、いずれは帰国する出稼ぎの労働者であれ、故郷を離れて定住する移民であれ、相当数の外国人を積極的に迎える必要があるのではないか。その場合、外国人の人権を保障する基本法を定め、外国人に関

在留資格別の外国人登録者

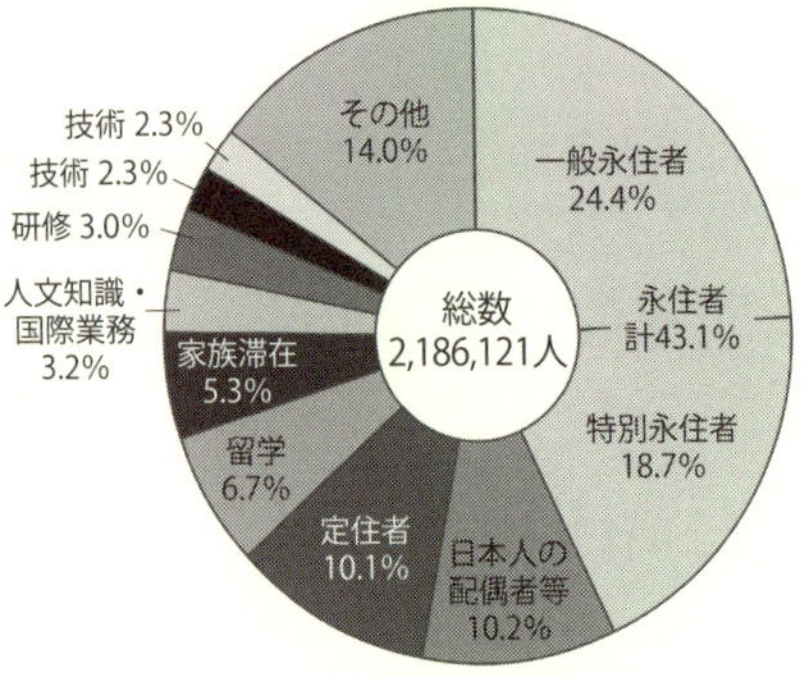

（2009年、法務省資料から）

する政策を統括する省庁を設けるなど、手厚い受入れ対策をとるべきだろう。

もちろん、すでに日本で暮らしている外国人の処遇の改善も不可欠である。教育や医療、生活保護などについては、国籍や在留資格にかかわらず、保障しなければならない。人権侵害を救済する国内人権機関の設置、国際人権機関に個人が通報できる制度の導入、法務省から独立した難民認定機関の新設、生地主義や重国籍を取り入れる国籍法改正、不法滞在者を合法化するアムネスティーなども、早急に検討するべき課題となる。

そしてなによりも、日本人一人ひとりが、自分たちと外国人の違いを認めつつ、隣人として共に生きていこうとする意識改革を求められている。新しい多文化社会をつくっていくことは、面倒なことも多いかもしれないが、刺激的で楽しい挑戦だと思う。

（原真）

おわりに

少しだけ、私事にわたることを書かせていただきたい。

記者の仕事を始めてまもなく、指紋押捺を拒否する朝鮮籍の日本人女性に出会った。戦時中に在日朝鮮人男性と結婚し、講和条約で日本国籍を失った人だ。恥ずかしながら、在日の歴史を知らなかった私は、彼女の話を聞いても、ほとんど理解できなかった。ただ、わからなかっただけに、興味をそそられて、取材を続けるようになる。

在日外国人に対する差別的な言動に、心底、憤りを感じたことも少なくない。しかし、誤解を恐れずに言えば、四半世紀経った今も外国人に関する記事を細々と書いているのは、多様な人たちと知り合い、話をすることが、面白いからだ。彼・彼女ら少数派の目を通すと、世の中が大きく違って見える。私自身が多数派の日本人であり、その「常識」に漬かっているということを、否応なく思い知らされる。そんな異化作用で、目からうろこが落ちるような体験を何度もさせてもらった。

逆に、日本国籍を取得した外国人から「法務局などの役所に行く機会が減り、不自由がないから、問題のある制度が見えなくなった。社会のいろんなことに無頓着になりつつある自分が怖い」と聞いたことがある。私たち日本人は、そんな怖さを、どれだけ自覚しているだろうか。

この本は、２０１０年4月から11月にかけて、共同通信社から全国の加盟新聞社に配信した連載記事

「ニッポンに生きる」に加筆したものだ。連載は、日韓併合100年、ミャンマー難民の第三国定住開始という節目の年に、在日外国人の現状をルポしてみようと企画。以前から外国人の問題を取材していた本社・支社局の記者と写真記者計18人が参加した。番外編も入れて44回続け、一部使用も含め、東奥日報（青森）から佐賀新聞まで15紙に掲載された（＊）。単行本化にあたり、登場人物の年齢は2011年1月1日現在とし、煩雑になるのを避けるため、勝手ながら敬称は略させていただいた。

読者のみなさんに、この国で生きている外国人を少しでも身近に感じていただければ、幸いだ。

地味な連載なので、現代人文社の旧知の編集者から出版の提案を受けた時、「売れそうにない本だけど、いいんですか」と思わず聞いてしまった。「もともと、売れるような本はあまり出してないんで。内容が良ければいいです」と即答され、その心意気に便乗させてもらうことにした。

取材、執筆に際しては数多くの文献を参考にしたが、特に田中宏著『在日外国人　新版』（岩波新書、1995年）、移住労働者と連帯する全国ネットワーク編『多民族・多文化共生社会のこれから――NGOからの政策提言』（現代人文社、2009年）、金賛汀著『韓国併合百年と「在日」』（新潮選書、2010年）は直接、参照させていただいた。記して謝意を表したい。

末筆ながら、取材にご協力くださったみなさんに、あらためてお礼を申し上げます。そして、このあとがきを執筆中に逝去の報が入った佐藤文明さん（第4章）のご冥福をお祈りします。

2011年1月　共同通信社編集委員　原真

＊連載記事「ニッポンに生きる」の掲載紙は次の通り。東奥日報、河北新報、山梨日日新聞、信濃毎日新聞、静岡新聞、中部経済新聞、岐阜新聞、福井新聞、大阪日日新聞、京都新聞、中国新聞、日本海新聞、高知新聞、佐賀新聞、ジャパン・タイムズ。

ニッポンに生《い》きる
在日外国人は今

2011年2月28日　第1版第1刷発行
2019年2月28日　第1版第2刷発行

著　者◉共同通信社取材班
発行人◉成澤壽信
編集人◉西村吉世江
発行所◉株式会社 現代人文社
〒160-0004 東京都新宿区四谷2-10 八ッ橋ビル7階
電話: 03-5379-0307（代表）/ FAX: 03-5379-5388
Eメール: henshu@genjin.jp（編集）/ hanbai@genjin.jp（販売）
Web: www.genjin.jp
発売所◉株式会社 大学図書
印刷所◉株式会社 平河工業社
装　丁◉Malpu Design（黒瀬章夫）

検印省略　Printed in JAPAN
ISBN978-4-87798-478-6 C0036